编著

我爱

Jiaxiaoqing

甘肃

山东画报出版社

图书在版编目（CIP）数据

我爱甘肃/王培编著．—济南：山东画报出版社，
2014.2

（中国梦家乡情丛书）

ISBN 978－7－5474－1216－9

Ⅰ.①我…　Ⅱ.①王…　Ⅲ.①甘肃省—概况—青年读
物②甘肃省—概况—少年读物　Ⅳ.①K924.2-49

中国版本图书馆 CIP 数据核字（2014）第 029231 号

责任编辑　许　诺
装帧设计　林静文化
主管部门　山东出版集团有限公司
出版发行

社　　址　济南市经九路胜利大街 39 号　邮编 250001
电　　话　总编室（0531）82098470　（010）61536005
　　　　　市场部（0531）82098479　82098476（传真）
网　　址　http：//www.hbcbs.com.cn
电子信箱　hbcb@ sdpress.com.cn
印　　刷　北京山华苑印刷有限责任公司
规　　格　165 毫米×225 毫米
　　　　　12 印张　40 幅图　112 千字
版　　次　2014 年 3 月第 1 版
印　　次　2014 年 3 月第 1 次印刷
定　　价　23.50 元

序 言

月是故乡明

"中国梦 家乡情"丛书出版了,可喜可贺!

对家乡故土的眷恋可以说是人类共同而永恒的情感,对家乡和祖国充满热爱与牵挂,更是具有深厚文化底蕴和历史积淀的中华民族传统美德。

"乡愁是一枚小小的邮票,我在这头,母亲在那头。"台湾著名诗人余光中的《乡愁》诗曾在海峡两岸同胞心中激起强烈的共鸣。诗人把对亲人、家乡、祖国的思念之情融为一体,表达出远离故乡的游子渴望叶落归根的浓郁而又强烈的家国情怀。纵览历史长河,历代志士仁人留下了多少对家乡魂牵梦萦的不朽诗篇,激励着一代代中华儿女的爱国思乡情怀。李白的"举头望明月,低头思故乡",杜甫的"露从今夜白,月是故乡明",无一不是抒发浓浓的思念故土之情。

民族传统文化是一条奔流不息的长河，从古至今绵延不绝。家乡是一棵枝繁叶茂的大树，守护着我们的生命，铭记着我们的归属。而薪火相传的家乡文化则是一方沃土，拥有着最厚重、最持久、最旺盛的生命力，滋养着一代又一代的青少年茁壮成长。中国有着九百六十万平方公里的土地和辽阔的领海，山河壮丽，幅员辽阔，物华天宝，人杰地灵。不同的地域有着不同的源远流长的家乡文化，辉煌灿烂，博大精深，特色鲜明，各有千秋。

　　一方水土孕育一方文化，一方文化影响一方经济造就一方社会。在中华大地上，不同地域有着不同的自然地理环境、民俗风情习惯、政治经济情况，形成了各具特色的地域文化。中国是世界上最古老的文明国家之一，有着几千年光辉灿烂的文明历史，行政区划的历史也十分悠久。从公元前688年的春秋时期开始置县，中国的行政区划至今已有2500多年的历史。作为最高一级的行政区划单位，省级行政区域的设立和划分起源于元朝。后来不同朝代和历史时期多有调整，到目前为止，我国共有23个省，5个自治区（自治区是中国少数民族聚居地方实行民族区域自治而建立的相当于省的行政区域），4个直辖市（直辖市是人口比较集中，在政治、经济、文化等方面具有特别重要地位的省级大城市），2个特别行政区（特别行政区与省、自治区、直辖市同属直辖于中央人民政府的地方行政区域）。此外，台湾作为一个省份，也是

中国领土不可分割的组成部分。这套丛书即是以省级行政区划为单元分册编写的。

这套丛书以青少年为阅读对象，力求内容准确可靠，详略得当，行文通俗，简洁流畅，注重知识性、趣味性、可读性，让青少年较为系统地了解家乡的自然环境、山川河流、资源物产、悠久历史、杰出人物、文化遗产、民俗风情、名胜古迹、经济建设等方面的情况，感受祖国各地的家乡之美。通过这些文化元素的熏陶，培养青少年对祖国和家乡的朴素感情，引导青少年热爱生于斯、长于斯的这片沃土，陶冶情趣，铸造性情。希望广大青少年认真阅读，汲取这套家乡文化读本中的精华，进而树立热爱家乡、热爱祖国的决心和信念，为建设家乡、建设祖国贡献力量。

（原新闻出版总署署长）

2014 年 2 月 6 日

序　言

目 录 CONTENT

第一章　魅力八方的甘肃

第一节　甘肃的自然环境　　　　　　　　　　　/ 3

第二节　甘肃的山川　　　　　　　　　　　　　/ 7

第三节　甘肃的河流、湖泊与佳泉　　　　　　　/ 19

第四节　河西走廊——西北粮仓　　　　　　　　/ 30

第二章　物华天宝——丰饶的物产

第一节　多种多样的能源资源　　　　　　　　　/ 35

第二节　储量丰富的矿产资源　　　　　　　　　/ 36

第三节　种类繁多的动植物资源　　　　　　　　/ 36

第四节　闻名中外的中药材资源　　　　　　　　/ 48

第三章　悠久的甘肃历史

第一节　中华民族的始祖——伏羲　　　　　　　/ 53

第二节　春秋战国以前的甘肃　　　　　　　　　/ 54

第三节　春秋战国时期的甘肃　　　　　　　　　/ 56

第四节　秦汉时期　　　　　　　　　　　　　　/ 58

第五节　魏晋至明清时期　　　　　　　　　　　/ 60

第六节　现代史大事记　　　　　　　　　　　　/ 61

第四章　甘肃风景录

第一节　羲皇故里——全球华人最向往的根亲
　　　　文化圣地　　　　　　　　　　　　　　／71

第二节　地方戏曲，曲艺　　　　　　　　　　　／73

第三节　庆阳民间艺术四绝　　　　　　　　　　／79

第四节　临夏雕刻　　　　　　　　　　　　　　／86

第五节　兰州皮筏　　　　　　　　　　　　　　／88

第六节　兰州太平鼓　　　　　　　　　　　　　／89

第八节　民间习俗　　　　　　　　　　　　　　／90

第九节　民间传说　　　　　　　　　　　　　　／96

第十节　特色美食　　　　　　　　　　　　　／105

第五章　甘肃名人录

第一节　"创世女神"女娲　　　　　　　　　　／117

第二节　"飞将军"李广　　　　　　　　　　　／118

第三节　武功盖世甘延寿　　　　　　　　　　／123

第四节　书法巨匠张芝　　　　　　　　　　　／126

第五节　唐太宗李世民　　　　　　　　　　　／130

第六节　清代著名学者张澍　　　　　　　　　／133

第六章　甘肃的旅游胜地

第一节　万里长城　　　　　　　　　　　　　／137

第二节　丝绸之路　　　　　　　　　　　　　／140

第三节　欣赏似画风景　　　　　　　　　　　／146

第四节　追踪红色革命情怀　　　　　　　　　／153

第五节　品味文化景观　　　　　　　　　　　／158

第六节　领略民族风情　　　　　　　　　　　／163

我爱甘肃

第七章　继往开来的新甘肃

第一节　经济建设，打造工业强省　　　　　　　/ 173

第二节　能源基地建设　　　　　　　　　　　/ 173

第三节　文化建设，打造文化大省　　　　　　/ 174

第四节　生态建设和环境保护　　　　　　　　/ 177

附　录　兰州赋唱五千年　　　　　　　　　　/ 178

第一章

魅力八方的甘肃

甘肃历史源远流长，是中华民族的发祥地之一，传说中华民族的始祖伏羲、女娲就诞生于此，这里有如画的风景，有厚重的文化底蕴，丰盛的名花瑞果。7000 多年前，甘肃就发展了农业，成为黄河流域灿烂文化的开端，举世闻名的丝绸之路从东到西横贯整个省份，经济文化昌盛一时。

甘肃永靖洮黄交汇处

第一节　甘肃的自然环境

　　甘肃呈狭长状，东西蜿蜒 1655 公里，南北宽 530 公里，面积达 45.4 万平方公里，占全国总面积的 4.72％，省会兰州市。甘肃像一块瑰丽的宝玉，镶嵌在祖国西北大地，位于母亲河——黄河的上游，处于古代著名的丝绸之路的黄金地段。甘肃东邻陕西，西接新疆，南邻四川青海，北连内蒙、宁夏，因为西夏时期曾经设置甘肃军司，元代设甘肃省，所以甘肃被简称甘；又因为甘肃省大部分位于陇山（六盘山）的西部，且唐代曾在此设置陇右道，因此甘肃又被简称为陇。

一、地理地貌概况

　　甘肃四周为群山峻岭所环抱，最主要的山脉当属祁连山、乌鞘岭、六盘山，其次还有阿尔金山、马鬃山、合黎山、龙首山、西倾山、子午岭山等，多数山脉呈现西北——东南走向，海拔大都在 1000 米以上。甘肃地形以山地和高原为主，境内多江河，地貌复杂多样，山地、高原、平川、河谷、沙漠、戈壁交错分布，地势起伏，自西南向东北倾斜。省内的森林资源多集中在山区，多数河流的源头都从山脉形成各自分流。一般大致将甘肃复杂的地貌形态分为各具特色的六大地形区域：陇南山地、陇中黄土高原、甘南高原、河西走廊、祁连山地和河西走廊以北地带。

陇南山地位于甘肃东南部，山峦重叠，处处溪水跌宕，河网纵横，山高谷深，植被丰厚。陇南山地大致包括渭水以南、临潭、迭部一线以东的山区，为秦岭的西延部分，地势大致西高东低。这里有汉、藏、回和古氐、羌等多民族长期聚居，形成了多姿多彩的风俗民情与地域文化，丰富而独特。

陇中黄土高原位于甘肃省中部和东部，东起甘肃陕西省的交界，西至乌鞘岭畔。这里有苍松翠柏，有潺潺溪流，有丰富的石油、煤炭等宝藏，也有闻名遐迩的名山大川。黄河从这里穿流而过，刘家峡、盐锅峡、八盘峡三大水库如一颗颗明珠镶嵌在这块充满生机的土地上。

甘南高原是个典型的高原区，位于甘肃省西南隅，属于青藏高原东缘伸入省境的部分，包括甘南藏族自治州大部分，面积仅占全省面积6.8%，地势高耸，海拔大多超过3000米。甘南高原水草丰美，牛肥马壮，是甘肃省主要畜牧业基地之一。水系为黄河上游河曲干流与其支流洮河、大夏河上游区及长江水系的白龙江上游部分。甘南草原是甘肃良好的天然牧场与畜产基地，高原东南边缘的山地阴坡有不少天然森林、珍贵动物及药材等。

< 河西走廊

我爱甘肃

河西走廊位于祁连山以北，自东向西、由南而北倾斜，是一块长约1000余公里的狭长地带，宽几公里到百余公里不等，海拔在1000—1500米之间。河西走廊地势平坦，机耕条件好，光热充足，水资源丰富，是著名的戈壁绿洲，有着发展农业的广阔前景，是甘肃主要的商品粮基地。

　　祁连山地位于河西走廊以南，长达1000多公里，大部分海拔在3500米以上，终年积雪，是河西走廊的天然固体水库，植被垂直分布明显，荒漠、草场、森林、冰雪，组成了一幅色彩斑斓的立体画面。

　　河西走廊以北地带海拔在1000至3600米之间，东西长1000多公里，人们习惯将其称为北山山地，这里靠近腾格里沙漠和巴丹吉林沙漠，山岩裸露，荒漠连片，一块块山间平原，是难以耕作之地，人烟虽然稀少，却能领略"大漠孤烟直，长河落日圆"的独特的塞外风光。

二、气候特征

　　甘肃因为深居西北内陆，海洋温湿气流不易到达，所以大部分地区气候干燥，降雨较少。全省各地年降水量在36.6—734.9毫米之间，降水因

冬日月牙泉 >

受季风影响多集中在 6 ~ 8 月份，占全年降水量的 50%—70%。降水量大致从东南向西北递减，乌鞘岭以西降水明显减少，陇南山区和祁连山东段降水偏多，冬季寒冷漫长，春夏界线不分明，夏季短促，气温高，秋季降温快。

省内年平均气温在 0—16℃ 之间，但是各地海拔不同，气温差别较大。总的说来，甘肃日照充足，日温差大。甘肃气象灾害偏重，主要有干旱、沙尘暴、霜冻、暴洪、冰雹、连阴雨、夏季高温、干热风、雪灾等。

三、甘肃的行政区划

甘肃省共设 12 个地级市，包括兰州、天水、白银、金昌、嘉峪关、武威、庆阳、平凉、张掖、酒泉、定西、陇南，还设有 2 个自治州包括临夏和甘南；共有 4 个县级市、58 个县、7 个民族自治县、17 个市辖区。

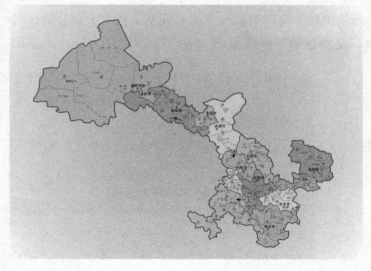

<甘肃政区图

我爱甘肃

第二节 甘肃的山川

一、祁连山

　　相传很早很早以前，祁连山苍松挺拔，郁郁葱葱。月宫仙女发现了这一人间仙境，便偷偷下来游玩，后被王母发现，召她返回月宫。临走，月宫仙女把随身披的白羽纱披在祁连山头，把脖子上的珍珠项链撒在草滩上，后来，那白羽纱变成白雪，覆盖了祁连山头，珍珠变成的羊群，遍布山下。

　　祁连山由几条平行排列的山岭和谷地组成，是青海与甘肃两省的交界，是青藏高原东北部一个巨大的边缘山系。祁连山谷地颇为宽广，有不少河流和湖泊，哈拉湖和中国最大的咸水湖——青海湖就在这些谷地内。全区内的山地草原和针叶树林交替分布，以青海云杉和祁连圆柏为主，山上松柏茂密，马鹿、猞猁、雪鸡、野驴、雪豹等动物出没其间，矿产资源也极丰富，因此祁连山还有"万宝山"的美誉。

　　"透明梦柯"冰川位于甘肃省肃北蒙古族自治县境内的大雪山北坡老虎沟内，是祁连山的中断块而成的一个完整的小山地，长 10.1 公里，面积21.9 平方公里，是祁连山区最大的山谷冰川。大雪山平均海拔 4000 米左右，最高峰 5555 米，是祁连山北端最高的山体，由于大雪山地处西北气流直下的要冲，高山降水丰富。大雪山的老虎沟地区共有 44 条冰川，其中 12

∧ 祁连山

号冰川，长 10.1 公里，面积 21.9 平方公里，是祁连山区最大的山谷冰川，即"透明梦柯"。

　　"透明梦柯"冰川，于 1959 年被中国科学院高山冰川研究站的专家们发现。"透明梦柯"是蒙古语，意为高大宽广的大雪山，有宽大的粒雪积累区。冰川末端海拔 4260 米，最高峰海拔 5483 米。这里雪峰终年皑皑，直插云霄；百年空净幽幽，无人惊扰。

　　"透明梦柯"冰川在规模上占有天机，它是目前中国西北地区即将开发的最大的极大陆型山谷冰川。而国内已开发的甘肃嘉峪关"七一"冰川（面积 2.78 平方公里）、新疆乌鲁木齐"一号"冰川（面积 1.84 平方公里）、云南玉龙雪山"一号"冰川（面积 1.52 平方公里），面积都只是透明梦柯冰川的十分之一。旷达的雪野，透明洁净平缓的冰面，都是透明冰柯所特有的。"透明梦柯"冰川地势平缓，人员容易进入、攀登。透明梦柯冰川属于极大陆型的山谷冰川，有稳定性冰川，没有雪崩危害，承受力大、安全性高是其显著的特征，具有持久的生命力以及旅游价值。

我爱甘肃

二、乌鞘岭

藏语称乌鞘岭为"哈香聂阿"，意为和尚岭，位于甘肃省天祝藏族自治县中部。乌鞘岭素以山势峻拔、地势险要而驰名于世，东西长约17公里，南北绵延约10公里，海拔3562米，年均气温 –2.2℃。乌鞘岭属祁连山脉北支冷龙岭的东南端，是陇中高原和河西走廊的天然分界，是半干旱区向干旱区过渡的分界线，也是东亚季风到达的最西端，还是内陆河和外流河的分水岭。

乌鞘岭位于古代丝绸之路的要道，是历史上非常重要的军事要塞。张骞出使西域，唐玄奘西天取经都曾途经其岭。岭下往往有戍卒守关，过往的商人、旅客、使节等均在此交验文书，这里历经烽火狼烟、金戈铁马。岭上有汉、明长城蜿蜒向西，岭脊有著名的道教湘子庙遗址。

乌鞘岭就像一条巨龙，蜿蜒曲折，盘伏在祖国大地上。其四周风景如画，乌鞘岭南部有马牙雪山，北面有雷公山，两山并肩而立，各展雄姿。

乌鞘岭 >

魅力八方的甘肃

岭北还有安远小盆地，被当地人誉为"金盆养鱼"。乌鞘岭西接古浪山峡，关隘天成，岭南有滔滔不息的金强河滚滚西去，还有水草丰美的抓喜秀龙草原。

三、麦积山

麦积山，又名麦积崖，地处天水市东南方 50 公里的麦积区麦积山乡南侧，是中国秦岭山脉西端小陇山中的一座奇峰，海拔 1742 米，但是山高只有 142 米，山的形状奇特，独峰陡起，犹如麦垛，因此人们称之为麦积山。麦积山石质是紫褐色的水成岩，最初有许多天然的岩洞。麦积山翠竹丛生，周围群峰环抱，风景优美，素来有小江南之称，古称"秦地林泉之冠"。山峰的西南面是悬崖峭壁，著名的麦积山石窟就开凿在这峭壁上。

麦积山周围风景秀丽，山峦上密布着翠柏苍松、野花茂草。攀上山顶，极目远望，四面全是郁郁葱葱的青山，重峦叠嶂，青松似海，云雾阵阵，远景近物交织在一起，构成了一幅美丽的图景，这图景被称为天水八景

< 麦积山

我爱甘肃

之首的"麦积烟雨"。麦积山风景名胜区总面积215平方公里,包括麦积山、仙人崖、石门、曲溪四大景区和街亭古镇。麦积山周围还有几个引人入胜的风景点,如雕巢峪,是西汉末年雄居天水自称西州上将军隗嚣的避暑宫。

1982年,麦积山以甘肃麦积山风景名胜区的名义,被国务院批准列入第一批国家级风景名胜区名单。麦积山石窟保留有大量的宗教、艺术、建筑等方面的实物资料,丰富了中国古代文化史。

四、崆峒山

崆峒山位于甘肃省平凉市城西12公里处,主峰海拔2123米,景区面积84平方公里,既有北方山势之雄,又兼江南山色之秀。崆峒山是典型的丹霞地貌,峰林耸峙、危崖突兀、沟壑纵横,东、西、南、北、中五台形似莲花。崆峒山更是一座天然植物园,树林覆盖率近100%,已知的植物有1000余种,古树名木近百棵,招鹤堂的"孔雀柏"、凤凰岭的"定山神针",树龄都在千年以上。崆峒山还有70多种野生珍稀动物,其中被列为国家保护的就有10多种。崆峒山集奇险灵秀的自然景观和古朴精湛的人文景观于一身,具有极高的观赏、文化和科考价值,自古就有"西来第一山"、"西镇奇观"和"道源圣地"之美誉。古往今来,崆峒山吸引了众多风流才俊。传说上古时有智者名为广成子在山中修炼,人文始祖轩辕黄帝数次登临崆峒山向广成子求教治国之道和养生之术,在看到轩辕黄帝的诚意后,广成子给轩辕黄帝以指点,使其一心治国,实现天下大治,统一华夏。崆峒山前的望驾山、山下的问道宫以及山上的摩崖石刻"黄帝问道处"就是历代对"黄帝问道"这一千古盛事的纪念。秦皇、汉武也因羡慕黄帝而效法黄帝登崆峒山,司马迁、杜甫、白居易、谭嗣同等文人墨

< 崆峒山

客在此留下了大量的诗词、华章、碑碣、铭文，另外，崆峒武术与少林、武当、峨嵋、昆仑等武术流派驰名华夏。

2003 年 7 月 26 日，国家邮政局发行了以崆峒山最具代表性的景观——皇城、弹筝峡、塔院和雷声峰组成的《崆峒山》特种邮票，登上了"国家名片"。皇城地处崆峒山绝顶之上，这个建筑群是崆峒山上寺观之首，庙宇重重，雄伟壮观，富丽堂皇，就像皇家的宫殿，所以人们把它叫做"皇城"。皇城内现有 30 多尊塑像，壁画约 60 平方米，其中太和宫的主神是真武大帝，老君殿内有无量祖师像，壁画所展现的是太上老君八十一化的生平事迹。弹筝峡位于泾河上游，水声叮咚，似神女弹筝，故取名"弹筝峡"。塔院位于崆峒山五台中的中台，又称法轮寺，初建于北宋初期，现在留下的有宋代石经幢一座，上面刻有佛经，是游览前后山的汇聚之处。这座八角七级的砖塔高 31 米，建于明万历十二年（公元 1584 年），就像擎天柱一样矗立在中台之巅，被称为"凌空塔"。这座塔的八个角上都有砖塔雕佛造像，另外，塔上还有一个绝妙之处，就是塔顶上的那些青松，已有 100 多年的寿命，扎根在塔顶和塔砖缝隙仅有的一点泥土之中，却一直生机勃勃，四季常青。雷声峰在主峰马鬐山东南侧，三面临渊，岩壁峭立，

传说明代道士张三丰在崆峒山修炼时，为躲避招他进京做官的钦差大臣，藏在一座山峰的绝壁后使法术呼风唤雨，打雷降雾，吓走了官兵，从此便得名"雷声峰"，人们又叫它"避招峰"。

五、大象山

甘谷大象山，位于甘肃东南部甘谷县城西南 2.5 公里秦岭西端的文旗山上，是古丝绸之路上融石窟和古建为一体的重要文化遗存之一，2001 年被国务院公布为国家级重点文物保护单位。大像山的得名是因为山巅修凿大佛像而来，甘谷大佛即释迦牟尼佛。大像山自从以大佛闻世更名后，世人一直沿称大像山。佛教协会会长赵朴初在深入研究了佛的出生、历史、典故后，根据释迦牟尼"乘象入胎"的传说，认为起名大象山更加确切，此后一直称呼"大象山"。

大象山峭壁上有一个大洞窟，洞内坐甘谷大佛，高 23.3 米，肩宽 9.5 米，头高 5.8 米，膝长 6 米，其造型高大雄伟，令人仰止。据考证，甘谷塑佛造像可远溯北魏，先后共经历了四个朝代，共三百多年。大象山石窟为甘谷八景之一，依山顺势，大佛洞窟两旁修有长长的走廊，如同一条腰带。廊上窟龛相连，巍峨壮观，现存 22 个窟龛。

甘谷大象山第一台建有伏羲庙亦即太昊宫，是明万历年间建筑，华盖寺也有元代所塑的伏羲塑像。甘谷县内有多处文昌阁，但大象山文昌阁规模最大，建筑面积为 182.9 平方米，总面积为 260.9 平方米。清同治二年（公元 1863 年）回民反清时，楼阁一时尽毁，现阁院东南角的一棵古柏为当年被烧去半面皮而幸存下来的，后几经重修。关圣殿在半山腰，院中有墨绿、粗壮如盖的古柏，烟火缭缭的塔楼。双明洞，俗称药王洞，在大像窟之西，孙膑洞之上。

<大象山

　　关于甘谷大象山还有两个传说，即"大佛胡须"和"夜得神力"。相
传在清末有一外县人商人来甘谷在渡渭河时不幸落水，命在旦夕时远远望
见山上大佛，便祈求大佛，答应如若得救便为大佛镀金，在冥冥之中好像
有谁拉了他一把，他便活了下来。为了实现诺言，便请匠人为大佛镀金，
到最后时发现金子有些不够，就少一点点。他不知怎么办，那匠人就建议
说为大佛画上胡须吧。那人觉得也只能这样了，因此在甘谷大佛中出现了
别具特色的蝌蚪状短须。

　　明朝末年，在今甘谷县有位名叫陈纲的人，魁梧且一表人才。据称，
他戴的草帽有雨伞那么大，一双袜子里可以装四五十斤粮食。在清军胜
利过路之际，陈纲曾带领村民把粮草运到乐善镇（今武山县洛门镇），
清兵主将见他仪态不俗便让他参军，他跪求说："我家有老母年事已高，
实难离开。"清军主将见他是一孝子，不忍强留，就赏给他丝绸布帛，
让他回家。回家时天已接近傍晚，离家尚远，半路就留宿在大象山上。
其他人都歇息，他独自一人去大佛殿烧香拜佛。跪于佛前三拜之后，陈
纲抬头发现石雕大佛的耳朵里有鸟窝，因此他爬上去清扫了一下，并将

我爱甘肃

佛台清扫，身体已然有些疲倦，便睡在大佛足下。睡至深夜，见一仙翁冉冉乘云而来，面带微笑说："陈纲，你忠孝双全，是个好汉，今天又把我耳朵里的鸟巢清理了，我得偿谢你，你想要什么？"陈纲略微沉思，只要了多点力气。仙翁随即口中念念有词，用手抚摸陈纲的全身，上下打量了一番过后，呼出一股仙气，便飘然隐隐而去。陈纲从梦中惊醒，便觉得通身舒展，精神倍增。

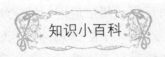

知识小百科

"四月八"大象山文化庙会

大象山峰峦层迭，巍峨突兀，苍郁挺拔，殿宇参差，因山顶有一尊高23.6米的大佛塑像而得名，是全国大型石窟造像中不可多得的珍贵文物。大象山自古及今，一直是人们憩息游乐和旅游的胜地，常年游人不绝。尤其是每年传统的"四月八"浴佛节春游庙会，更是胜况空前。延续五六天的庙会，人数达到近十万人，除了本县群众外，还有大量的邻近区、县的游人，以及陕西、安徽、河南、四川等10多个省地的客商，可说是天水最大规模的庙会之一。

"四月八"大象山文化庙会，规模宏大，特色突出，完全是大文化的格局。庙会富有时代特色，集科普、法制、金融、税收、计划生育、教育、地震等百业知识宣传教育为一体，融物资商品交易、招商引资业务、戏剧艺术表演、书法绘画献艺、花卉盆景展销、武术交流表演、民间工艺展示和佛事佛典活动于一炉，内容极为丰富，形式多种多样，办得有声有色，不同凡响。

甘谷"四月八"大象山文化庙会具有广泛强烈的大文化思想，不但集商业性、教育性、知识性、娱乐性于一体，而且参与人数众多，形式灵活多样，内容丰富多彩，给新时期的庙会活动赋予了新的生命力，也提供了极好的范样。

魅力八方的甘肃

六、兴隆山

兴隆山位于兰州市榆中县城西南 5 公里处，距兰州市 60 公里，海拔 2400 米，古时候因"常有白云浩渺无际"而取名"栖云山"，一向有"陇上名胜"之称，被誉为"陇右第一名山"。兴隆山早在西周时就已成为道人凿洞修行之地。兴隆山是距兰州市最近的国家级自然森林保护区，主峰由东西二峰组成，东峰"兴隆"海拔 2400 米，西峰"栖云"海拔 2500 米，二峰间是兴隆峡，有云龙桥横空飞架峡谷。现兴隆峰有二仙台、太白泉、大佛殿、喜松亭、滴泪亭等景点；栖云峰有混元阁、朝云观、雷祖殿等殿阁。

唐宋时，兴隆山神殿甚多，香火旺盛，称"洞天福地"。清代时，这里庙宇楼阁，或依山面壁，或深藏密林，甚为壮观。后大多被毁，仅存清代所建飞跨兴隆峡的一座云龙桥。清康熙年间取复兴之意，改名"兴隆山"。据历史记载，公元 1227 年，成吉思汗在攻打西夏时病逝于兴隆山，其衣

< 兴隆山

我爱甘肃

冠和兵器用物安放于此；1939 年，成吉思汗的灵柩运至兴隆山，密藏于大佛殿内；1949 年 8 月才迁往青海塔尔寺；1954 年，由内蒙古自治区人民政府迎回，安放在伊克昭盟伊金霍洛旗新建的成吉思汗陵寝室。兴隆山也因这段历史而更加著名。

七、马牙雪山

藏语称马牙雪山为阿尼嘎卓，位于甘肃省武威市天祝县西部，本地人称白嘎达山。马牙雪山主峰白尕达，藏语称"伦布什则"，意为最高的须弥山，海拔 4447 米。马牙雪山因形似马牙，终年积雪而得名。古人有诗赞曰："马齿天成银作骨，龙鳞日积玉为胎。"神奇的马牙雪山，藏族人民尊为神山，它千姿百态，气象各异，时而剑峰兀起，直插云霄，令人敬畏；时而像一座座白色的水晶宝塔，闪动七彩的光与阳光争辉；时而像一位披着薄纱的

马牙雪山 >

魅力八方的甘肃

美女，婀娜多姿，分外迷人。马牙山常年有雪，冬季比较严寒，夏天气候多变，山上打雷，顷刻间就有鹅毛般的大雪倾泻而下。

有一巨石耸立于马牙雪山山顶，中间裂开一缝，仿佛利刃劈就，相传格萨尔王当年出征时，曾用此石试剑，故名"试剑石"。马牙雪山还有一状如观世音菩萨的山峰，峰脚下，众石如林而立，恰似凝神倾听佛家真谛的信徒，神态逼真，人称"观音讲经"。天池旁的石崖上有一洞穴，名曰"妖魔洞"，晴天缕缕白云从洞中飘出，暴雨来临之际，翻滚着黑色雾障，似妖怪从洞口纷争而出，其景象狰狞恐怖，神秘叵测。马牙雪山有胜乐湖、圣母湖等天池，据民间传说共有 108 个，其中最大的是白石尕石达的拉姆

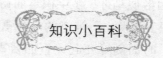

知识小百科

上湖和下湖的传说

在美丽富饶的古古拉草原有数百户藏族牧民，一年，到了 7 月，没有下一场雨，以牛羊为生的牧民们心急如焚，举行盛大的祭祀求雨仪式。然而，求雨活动进行了 3 天无果。一天，一位老人飘然而至提醒人们，管雨的龙王睡着了，只有派人到遥远的阿尼玛卿雪山顶，敲响那里的天鼓，龙王就会醒来，才会下雨。但是阿尼玛卿雪山路途遥远，且随时有生命的危险。古古拉姐妹德木却兰措和拉姆兰措决定前行。

姐妹俩不远千里，跋山涉水敲响了鼓声，绵绵细雨整整下了 3 天 3 夜，草原得救了。姐妹俩在返回的途中，在马牙雪山顶上化作两旺湖水，上面的湖是姐姐，叫德木却兰措湖；下面的湖是妹妹，叫拉姆兰措湖。她们日夜为草原流入淙淙泉水，这一带，从此再也没有发生过旱灾。从此，每年五月初五的桑吉曼拉节和六月十三日祭山节上，人们为了报答她俩对草原的恩德，将马牙雪山称为圣山，视天池为神池。从此，人们每年都要在农历六月十三这天，举行隆重的祭天池活动。

我爱甘肃

兰措湖和德木却兰措湖，被统称为古古拉海子。上池德木却兰措湖，长约500米，宽约200米，水清但不见底；下池拉姆兰措湖长约300米，宽约150米。两湖有一个奇特处，就是旱年水旺，涝年水歉。

关于马牙雪山的形成，在当地流传着这样一个故事：很早以前，英雄华热部有十三兄弟，个个都是英雄好汉，尤其是最小的弟弟更是才华过人，智勇双全。后来在同九头妖魔的搏斗中，兄弟们全部遇难了。当九头妖魔又恶狠狠地扑过来时，十三兄弟的英灵举起13把寒光闪闪的青剑，13匹战马张嘴伸出了玉齿，在一声惊天动地的巨响中冲向天空，设下了剑齿林立的屏障，杀死了妖魔，保护了牧民，最后这些青剑和玉齿便形成了马牙雪山。从此，华热草原上的牧人们每年都要举行赛马会，并取前十三名嘉奖，以纪念十三英雄的丰功伟绩，尤其对第13匹马要多加一条哈达，表达对最小弟弟的敬重。

第三节　甘肃的河流、湖泊与佳泉

一、黄河、渭河

在甘肃玛曲至青海贵德龙羊峡区间，黄河流经高山峡谷，水流湍急，水力资源丰富。著名的兰新铁路黄河大桥位于甘肃省兰州市西固区河上镇，

< 渭河

是新中国成立后在黄河上建造的第一座大铁桥。大桥全长 278.4 米。该桥于 1954 年 4 月动工修建，1955 年 7 月 1 日建成通车。

　　818 公里长的渭河是黄河的最大支流，发源于甘肃省渭源县鸟鼠山，经天水、陕西关中平原，最后汇入黄河。渭河流域可分为东西二部：西为黄土丘陵沟壑区，东为关中平原区。过去的渭河曾经是水资源丰富的地区，是中华文明的发祥地，是炎黄文明的重要发源地。

二、石羊河

　　石羊河古名谷水，位于甘肃河西走廊东端，河流起源于南部祁连山，向东北流入山谷，自塔尔庄出山入河西走廊；中游流经走廊平地，形成武威和永昌诸绿洲，灌溉农业发达；红崖山以北为下游，最后消失于巴丹吉林和腾格里沙漠之间的民勤盆地北部。石羊河由东向西，主要由大靖河、古浪河、黄羊河、杂木河、金塔河、西营河、东大河、西大河等 8 条河流组成，河全长 250 公里，流域流经甘肃 4 市 9 县（区），流域总面积 4.16

我爱甘肃

万平方公里。石羊河流域地势南高北低，自西向东北倾斜。全流域可分为南部祁连山地，中部走廊平原区，北部低山丘陵区及荒漠区四大地貌单元。南部祁连山地，海拔2000至5000米，山脉大致呈西北——东南走向。中部走廊平原区，由东西向龙首山东延的余脉韩母山、红崖山和阿拉古山的断续分布，将走廊平原分割为南北盆地。南盆地包括大靖、武威、永昌三个盆地，海拔1400—2000米；北盆地包括民勤盆地、金川—昌宁盆地，海拔1300—1400米，最低点的白亭海仅1020米（已干涸）。北部低山丘陵区，为低矮的趋于平原荒漠化的低山丘陵区，海拔低于2000米。

民勤"十地九沙，非灌不殖"。老百姓和历代官员一年四季都围着一个"水"字转悠。有一年，天气大旱，一冬无雪，三春无雨，庄稼无法下种，耕牛皮包骨头。沟头沟尾的庄户人，奏请德高望重的县令带领一班水佬到祁连山脚下的总龙王庙祈雨。十多天过去了仍然是天上空有薄云，河里没来山水。这位视老百姓为衣食父母的县令心急如焚，愧疚万分，无颜"班师归朝"。一日，新月如钩，春寒料峭。县令横竖睡不着，便披衣来到龙王庙外，身随脚转，脚随路转，路随心转，来到了一片青草茂密的地方。忽见1只大白母羊，长角巍巍，雍容安祥，腹下有3只可爱小羊羔双膝跪

俯瞰石羊河 >

魅力八方的甘肃

地悠然吮吸甘甜乳汁，十分幸福和美。小羊羔吃得肚饱腹圆，放开丰满乳头，欢奔戏闹，自得其乐，但母羊的乳汁却依旧喷涌不止，落在地上，叮咚有声。只见母羊回过头来，用母亲关爱孩子的眼神看了一眼县令，便突然消失了。县令十分惊奇，赶紧扑到母羊哺乳的地方，却什么也没有发现，只好做了标记，怅然离去。

第二天清晨，县令带人来到做了标记的地方，往下挖，挖出了1只白色大石羊和3只小石羊，与昨夜见到的一模一样。人们正在惊异之时，挖出石羊的土坑里突然叮咚作响，一泓清泉喷涌而出，紧接着周围的草地上，又有多处泉水叮咚涌出，汩汩清泉渐渐汇成浩浩荡荡的大河，石羊母子便随水而化。县令恍然大悟，赶紧五体投地感谢上苍，之后带领水佬分赴各乡引渠灌溉，开犁播种。从此，民勤大地河水丰盈，五谷丰登，人民富裕。因为这满河珍贵的泉水因石羊而生，人们便把这条大河叫作石羊河。

三、五眼泉

五眼泉位于保安族聚居的梅坡村以北，泉水晶莹清澈，水源旺盛，水质最佳。五泉山因有甘露、掬月、摸子、惠、蒙五眼清澈甘美的泉水而得名，海拔1600多米，占地26万平方米，史有鞭响泉涌传说，是具有2000多年历史的遐迩闻名的陇上胜地。相传汉武帝元狩三年（公元前20年）霍去病征西，曾驻兵于此，士卒疲渴，霍去病手著马鞭，连击五下，鞭响泉涌，遂成五泉。这虽属神话，但五泉山"五泉"的神奇绝妙确为世人瞩目。

据说，早年久旱无雨，禾苗干枯，保安族群众聚集于泉边念经求雨。一个阿訇被大伙推选为首领，于是他在五眼泉边念经，坐静，祈祷三昼夜，至第三天晚深更半夜时，从泉眼跑出一只白山羊。阿訇就解下自己的岱思

答勒（缠头巾）拴在羊角上，一端握在自己的一只手中，另一只手用皮带抽打山羊，山羊被打得忍痛不住，便乱叫乱跳。这时只见乌云起，倾刻之间大雨如注，禾苗和万物都得救了。以后，凡是遇到久旱之时，当地群众就到五眼泉求雨。

　　五眼泉包括甘露泉、掬月泉、摸子泉、蒙泉、惠泉。甘露泉在文昌宫西边，清泉涓涓，久雨不淫，大旱不干，饮之如甘露。甘露泉是五泉之内最高的山泉，相传因"天下太平，则天降甘露，历年不息，大旱不渴"而得名。掬月泉在文昌宫东面，泉宽约尺许，深约5尺，形如井状，中秋之夜，月出东山，这里得月最早，月影投泉心，如掬月盘中。摸子泉是一深约10米的岩洞，位于旷观楼下的摸子洞中，过去人们用手在泉水中摸索，说摸着石子的生男孩，摸着瓦片的生女孩。清末学者刘尔欣曾在洞口书写一联，嘲讽这种迷信行为是"糊糊涂涂，将佛脚抱来，求为父母；明明白白，把石头拿去，说是儿孙"。蒙泉位于东龙口下，"蒙"为卦名，寓意

五泉山 >

东谷山下有险之意，悬崖凌空。惠泉在西龙口下的企桥南端谷底，呈圆形，水净沙明，清澈见底，味甘美，宜于烹菜，且有灌溉之利，有惠于民，故而得名。

五泉山是兰州市内著名的名胜之地，在唐、宋时代这里就建有寺庙，后毁于兵火。五泉山的"铜接引佛"，"泰和铁钟"是公园的"镇山之宝"，现为国家级的保护文物。"铜接引佛"原在兰州东关接引寺内安放，现移至五泉山金刚殿。于明洪武年（公元1370年）铸造，身高一丈六尺，身围八尺。重约万余斤。造型优美，衣褶显晰，面部神态敦厚丰韵，怡静庄重，面含微笑，左手托钵，右手舒展，一副悲天悯人、接引众生普渡的形态。这是一件极为珍贵的文物。"泰和铁钟"原为普照寺物，后安放在五泉山钟厅内。这座铁钟为金代章宗泰和二年（公元1202年）所铸造，钟高9尺，直径6尺，重1万斤，造型宏伟肃穆，声音浑厚洪亮。

四、月牙泉

据说，月牙泉早在汉代就是游览胜地。历代文人墨客游玩，吟诗咏赋，挥毫者不乏其人。据记载，汉元鼎四年（公元前113年），汉武帝在渥洼池中得天马，后人认为月牙泉就是渥洼池，遂立一石碑曰"汉渥洼池"。因此，奇特的月牙泉更增添了传奇色彩。

月牙泉古有"沙井"之称，泉形非常像月牙状，终年碧波荡漾，清澈见底，久雨不溢，久旱不涸，在城南7公里的鸣沙山北麓。月牙泉东西长218米，南北宽54米，平均水深5米左右，泉南岸有茂密的芦苇，四周被流沙环抱，即使遇到强风，泉也不会被沙所掩盖。鸣沙山东西长40多公里，南北宽20余公里，沙山由红黄绿黑白五彩沙粒堆积而成，人从山顶下滑，沙随人落，会发出美妙的声响。沙山与泉水两种景观共生，实为沙漠奇观。

我爱甘肃

月牙泉 >

因"泉映月而无尘"、"亘古沙不填泉，泉不涸竭"而成为奇观。相传泉内生长有铁背鱼、七星草，专医疑难杂症，食之可长生不老，故又有"药泉"之称。

五、苏干湖

苏干湖实质上是山间断陷盆地，位于阿尔金山南麓山脚下，海拔2700—2800米，有大苏干湖、小苏干湖两湖，总面积119.6平方公里，是甘肃省最大的内陆湖泊。其中，大苏干湖面积约108平方公里，小苏干湖面积约11.6平方公里。苏干湖水源来自哈尔腾流域地表水的储集。地表水先注入小苏干湖，再由小苏干湖注入大苏干湖，因而小苏干湖为淡水湖，大苏干湖为咸水湖。苏干湖鸟类众多，有白天鹅、斑头雁、黑颈鹤、楼雁、

< 苏干湖

黄鸭、绿翅鸭、云雀等，1982年被批准为省级候鸟自然保护区。近年，飞临苏干湖的候鸟数量不断增加，苏干湖可以称得上是"甘肃的鸟岛"。

相传很久以前，富饶而美丽的海子草原上来了一个专吃牧民牛羊的魔鬼。魔鬼下令，每家牧民每天要进贡一只羊、一头牛和一匹马供自己吃，如有哪家不从，魔鬼就会将他的牛羊、马匹全部吃光。魔鬼的暴行激起了一个名叫阿尔金的勇敢青年的愤怒，这个青年决心杀死魔鬼为草原除害。在众多亲友的资助下，阿尔金跋涉万水千山，求来了龙泉宝剑准备与魔鬼一决生死。

阿尔金与魔鬼决斗前夜，名叫苏干的两姐妹分别向阿尔金表露了爱慕之情，两人都表示要等阿尔金胜利而归来后与他完婚。阿尔金与魔鬼的战斗持续了7天7夜，大战中阿尔金将魔鬼的四肢砍下，变成了现在阿尔金山下的几个白土山，最后阿尔金将龙泉剑刺入了魔鬼的心脏。魔鬼被杀死了，但当阿尔金将龙泉剑从魔鬼的心脏拔出时，魔鬼又活过来，为了彻底铲除草原上的害人精，阿尔金再次把宝剑刺入魔鬼的心脏，并化做一座大山将魔鬼压在身下，这座大山就是现在的阿尔金山。

我爱甘肃

魔鬼被杀死后，苏干姐妹俩苦苦等待阿尔金归来，日日思念也没有盼来情郎。姐姐知道阿尔金回不来了，所以常常流泪，泪水长流，化做了大苏干湖，所以湖水是咸水；而妹妹一心想着阿尔金会回来和自己完婚，心中充满了甜蜜的希望，后来妹妹就化成了小苏干湖，湖水是甜的。

　　今天，当游人到阿克塞旅游时，阿尔金山依然屹立在海子草原上，像一个守护神一样守护着海子草原，大、小苏干湖镶嵌在海子草原上，似乎在向游人诉说着动人的故事。

六、文县天池

　　文县天池位于甘肃省文县县城以北约100公里处的天魏山上。因地震阻塞河道、洋汤河河道被堵截积水形成的湖泊，于是在海拔高度为2400余米的高山之上，便形成了这个葫芦形的天池。

文县天池 >

魅力八方的甘肃

文县天池文县天池风光优美，景色如画，为文县八景之一，烟波浩淼，水天一色。天池景色众多，有象鼻咀、仙女石、狮子包、捉鱼沟、月溜湾、马鞍峰、骑马梁、牧马坪、五指洞等。

文县天池当地民间流传着天池的动人传说。相传古时候，洋汤河流域是洋汤神的领地，天上的二郎神妄图侵占，洋汤神奋起反抗。双方激战3天3夜，不分胜负。二郎神倚天拔剑，削岭填壑，聚水为湖，妄图截断下游水源，困死洋汤神的百姓。洋汤神爱民如子，怒不可遏，奋臂朝湖坝猛戳一把，5个指头捅开5个水口，挫败了二郎神的毒计。如山腰的5个水眼，就是"五指洞"。

1993年，成立了文县天池森林公园，2005年批准为国家级森林公园。全景区以天池为中心，辐射四周茂密的森林景观。在天池畔峰峦起伏的群山中，生长着茂密的森林，其中有多种贵重木材树种，多种野生动物，如羚羊、金钱豹等，这里还出产珍贵的药材。天池风景优美，环境优雅，空气清新，无污染，是理想的避暑游览胜地。

七、尕海湖

尕海湖是甘南第一大淡水湖，是青藏高原东部的一块重要湿地，还未被开发，被誉为高原上的一颗明珠，海拔高3479.7米，位于碌曲县西南的乐海乡境内。尕海湖自然保护区总面积16.2万亩，野生动植物资源丰富，许多珍稀鸟类南迁北返时都落脚于此。

尕海湖汇集山丘的流水，经周曲注入洮河，其四周未开发成农田，至今仍保留着原始牧场的状况。尕海湖及其周围已经辟为尕海湖候鸟自然保护区，保护区面积大，鸟的数量和品种非常之多，景色宜人。

在当地，关于尕海湖有许多美丽的故事流传。其一是，传说很久以前，在尕海滩这片美丽的草原上，七仙女们轻歌曼舞，采摘野花时，跌落了一颗翡翠，顿时化作碧波万顷、烟波浩淼的圣湖，从此尕海湖就成为滋润尕海草原生灵的源泉。其二是，传说尕海湖是一位女神的化身，是亚洲一大山神之臣的妻子、水龙王的女儿。当初山神派大臣来管辖这片草原，使得尕海这处草原水草肥美、生灵兴旺。大臣之妻、水龙王的女儿勒加秀姆对这片草原情有独钟，产生了深深的眷恋之情，故后来大臣离去之时，水龙王的女儿舍夫恋地而留在了这里，化作一汪清泉，滋润着尕海草原的万物生灵，这就是现在的尕海湖，群众亲切地称其为"勒加秀姆"。群众把该湖称为"圣湖"、"圣水"，意思是说尕海这片草原已神灵化了，"勒加秀姆"的血液（即湖水）已渗透到尕海草原的所有山山水水，任何人都不能污染湖水，滥挖草原，任何损害草原生态的事情就是对神灵的伤害，是要受到惩罚的。

尕海湖四面环山，发源于南山郭尔莽梁的琼木旦曲、翁尼曲、多木且曲3条河流注入该洼地后，与洼地泉水成为尕海湖永不枯竭的源泉。湖的

尕海湖 >

四周形成了大片的沼泽地，水中生长着泥鳅、石花鱼等水生物。沼泽和草甸中成长的苔藓及蕨麻、梅花藻等多种植物，为鸟类提供了广阔的觅食点和栖息空间。每年春末夏初，成群的白天鹅、灰雁、班头雁、灰鹤、棕头鸥、赤麻鸭、绿翅鸭、针尾鸭、鸬鹚、草原百灵等近百种鸟类，从南方和东南亚一带飞来，在这一高原"神湖"安家、产卵、育雏。国家一级保护动物黑颈鹤一群群在这里栖息、繁殖越夏，因此尕海湖成为国内黑颈鹤的重要繁殖地之一。

第四节　河西走廊——西北粮仓

　　河西走廊（又称"甘肃走廊"），东起乌鞘岭，西至玉门关，南北介于南山（祁连山和阿尔金山）和北山（马鬃山、合黎山和龙首山）之间，东西长约1000公里，宽数公里至近百公里不等，海拔在1000～1500米之间，为西北——东南走向的狭长平地，形如走廊，因位于黄河以西，故称河西走廊。它自古就是西北地区重要的交通要道，不仅是昔日的古战场，还是甘肃著名的粮仓。河西走廊地势平坦，机耕条件好，光热充足，水资源丰富，是著名的戈壁绿洲，农业发展前景广阔，是甘肃主要的商品粮基地。河西走廊地域上包括甘肃省的兰州和"河西五郡"：武威（古称凉州）、张掖（甘州）、酒泉（肃州）和敦煌（沙州）及安西（瓜州）。民族上居住着汉、蒙古、裕固、藏等民族。作为丝绸古道的重要组成部分，河西走廊犹如一条璀璨的玉带，承载着华夏文明的精华；它又似一座天然桥梁，让东西方文明在这里交融汇集，西传东渐。千百年来，河西走廊，不仅为中华民族生生不息提供了丰厚滋养，也为人类

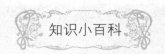

西汉初期，河西走廊是匈奴人游牧的地方。通西域有功的汉武帝使者张骞第一次西去是在公元前139年，他就在这里被匈奴截住，软禁了十年，娶妻生子。他壮志未酬誓不休，终于逃离西去，完成使命，但在回归中原的途中再一次被匈奴截留，一年多以后才回到长安。张骞第二次去西域是在公元前119年，这次行走比较顺利。公元前121年，西汉大将军霍去病两次鏖战河西走廊，将匈奴驱赶出去，咽喉之道得以畅通无阻。

∧ 河西走廊上的绿洲

魅力八方的甘肃

文明进步作出了独特贡献；不仅创造了历史的辉煌，而且在今天依然闪耀着不朽的光芒。

在这绵延1000多公里的狭长土地上，文脉浩荡，源远流长，其中，最负盛名的是世界文化遗产莫高窟和嘉峪关。莫高窟保存着公元4—14世纪1000年间的490个洞窟、4.5万平方米壁画、2400多身彩塑，是世界上现存规模最大、内容最丰富、延续时间最长的佛教艺术和历史文化宝库。其价值之非凡、魅力之永恒，在世界文化、艺术和宗教史上享有无与伦比的盛誉。嘉峪关是世界文化遗产万里长城的西起点，以"天下第一雄关"著称于世。以嘉峪关为标志，河西走廊是万里长城现存最长、遗迹最多、形态最复杂、最能代表长城文化的地区。

我爱甘肃

第二章

物华天宝——丰饶的物产

兰州百合以名菜良药著称全国，是甘肃省的名优特产，有极高的食用价值。百合味极甜美，纤维很少，色泽洁白如玉，肉质肥厚，营养丰富，品质极佳，是百合中的佼佼者。兰州百合不但闻名全国，亦可称世界第一，故有"兰州百合甲天下"美誉。

∧ 甘肃玉门油田

第一节　多种多样的能源资源

　　甘肃省能源种类较多，除煤炭、石油、天然气外，还有太阳能、风能等新能源。其中，石油、天然气集中分布在河西玉门和陇东长庆两油区。全省煤炭资源集中分布于庆阳、华亭、靖远和窑街等矿区。甘肃风能资源也极为丰富，总储量为 2.37 亿千瓦，居全国第 5 位，河西的瓜州素有"世界风库"之称。甘肃还是我国太阳能最为丰富的三个区域之一，河西西部、甘南西南部是我国太阳能资源最丰富的地区。

∧ 世界风都瓜州

　　　　　　　　　　　　　　　　　物华天宝——丰饶的物产

第二节　储量丰富的矿产资源

　　甘肃是矿产资源比较丰富的省份之一，省内地质环境复杂，成矿条件优越，矿产资源相对丰富。截至2007年底，甘肃省已发现各类矿产173种，包括能源10种，金属矿产56种，非金属矿产105种，水气矿产2种。列入《甘肃省矿产资源储量表》的固体矿产91种、矿区829处、矿产地1084处（含共伴生矿产），其中具有大型矿床规模97个、中型203个、小型784个。据《2007年全国主要矿产资源储量通报》统计，甘肃省有10种矿产居全国第一位，即镍、钴、铂族（铂、钯、锇、铱、钌、铑）、硒矿、铸型用粘土等，有34种矿产居全国前5位，居前10位的有60种。矿业开发已成为甘肃的重要经济支柱。

第三节　种类繁多的动植物资源

一、动物

　　甘肃养殖的牲畜主要有马、驴、骡、牛、羊、骆驼等。甘肃养马历史悠久，远在公元前100多年的汉武帝时期，西北边境设有官马场36处，

我爱甘肃

民间养马亦较繁盛。自汉至今，甘肃一直是我国养马业的重地。建国后，还先后引进和改良了阿尔登、整顿河、卡拉巴依马等品种，马、驴、牛等得到了发展。禽种，除对静宁鸡、太平鸡、临洮鸡等杂交改良外，现主要有来航鸡、澳洲黑、芦花洛克、洛岛红等优良品种。水禽有北京鸭、麻鸭、中国白鹅、灰鹅和狮头鹅等品种。甘肃境内共有野生动物650多种。其中：两栖动物24种，爬行动物57种，鸟类441种，哺乳动物137种。这些野生动物主要分布在文县、武都、康县、成县、天水、两当等地。文县让水河、丹堡一带，已列为全国第十三号自然保护区，出产大熊猫、金丝猴、麝、猞猁等世界珍贵动物，并对梅花鹿、马鹿、麝进行人工饲养。野生动物中，属于国家保护的稀有珍贵动物有90多种，其中属一类保护的24种，二类保护的24种，三类保护的40余种。

天祝白牦牛是我国青藏高原型牦午中的一个珍贵而特异的地方良种。其产区是我国白牦牛毛、绒及尾毛的主要产地，甚至牦牛尾是重要外贸物资，经济价值高，是我国的特产。应根据毛纺工业及外销的需要，积极开展本品种选育，加强对公牦牛的选择，提高毛、绒的产量和质量。

白牦牛 >

知识小百科

河曲马

河曲马是我国的一个优良地方品种，产区分布在黄河首曲——甘、川、青三省邻接的广阔草原上，以甘南藏族自治州的曼尔玛（乔科）和四川省阿坝藏族自治州的素克藏所产河曲马品质最佳。1954年原西北畜牧部正式名为河曲马，甘南州河曲马场是选育繁殖河曲马的国营马场。河曲马在甘南州境内主要分布在玛曲、夏河、碌曲三县，以玛曲县所产数量最多，品质较优。

河曲马的体质类型以粗糙结实为主，有挽乘兼用和乘挽兼用两种类型，以挽乘兼用为主。毛色以黑、青、骝、栗为主，少数马头部和四肢有白章别征。头形以直头较多，兔头、半兔头次之，耳长敏捷，鼻孔开发，唇厚灵活，下唇微垂。脚深广，系押较低，背长腰短头直，尻宽短，腹部充实，四肢干燥，关节明显，前肢势基本端正，后肢稍有刀状和外向，蹄大小适中。河曲马对高寒、气候多变的恶劣环境有极强的适应能力，耐久力强，适应高海拔、气压低的环境，抗病力强。

< 河曲马

我爱甘肃

二、植物资源

甘肃是一个少林省区，据第 6 次全省森林资源清查，全省林业用地面积 981.21 万公顷，森林覆盖率 13.42%，主要树种有冷杉、云杉、栎类、杨类以及华山松、桦类等。甘肃草场有天然草地、人工草地和半人工草地三种，天然草场主要分布在甘南草原、祁连山地、西秦岭、马衔山、哈思山、关山等地，海拔一般在 2400—4200 米之间，气候高寒阴湿。甘肃主要林区分布在白龙江、洮河、小陇山、祁连山、子午岭、康南、关山、大夏河、西秦岭、马衔山 10 大片，全省活立木蓄积 1.993 亿立方米。

1. 苏武草

苏武被流放北海后，最大的难题是食物短缺，他只好依靠野生植物和野生动物谋求生存，其中，柴鼠和碱柴籽帮了苏武的大忙。

一天，苏武牧羊来到一片盐碱滩，放眼一看，滩上白茫茫的，死一般沉寂。

时值严冬，苏武赶着羊群，忍着饥饿，低着头边走边寻觅。突然，他发现一墩光秃秃的土黄色柴棵。定睛一瞧，柴棵根旁有一小洞，洞口探着一只灰色小鼠，一双小小的黑眼睛骨碌碌转个不停。

这一切，提醒了苏武，他顾不得乏困，蹲下去用手刨洞，没费多少功夫就刨到洞底，发现了洞里的鼠"仓"，里面有一堆儿米粒般的东西。苏武抓起几粒，用指头一捻，脱去皮儿，显出粉红色的米颗，很饱满，放进嘴里细细咀嚼，咸中有甜，嚼到最后，还带一点幽幽余香。苏武如获至宝，把它带到住地，用它熬汤，喝了两碗，饥饿顿消，精神倍增。

第二天，苏武带着从鼠洞里挖出的"粮食"，赶着羊又去碱滩放牧。走了很久很久，来到很远很远的地方，发现前边有一片稀稀拉拉的干柴，

　　　　　　　　　　　　　　物华天宝——丰饶的物产

赶上去捋了一把枯叶，揉一揉，吹去壳皮，剩下几粒米颗似的东西，跟随身带的鼠仓粮食一模一样。苏武便把这种植物取名碱柴。从此，苏武北海牧羊，羊食碱柴，人食碱柴籽，人羊都得以活命。

后人为了纪念苏武，便把碱柴称为"苏武草"。在庄稼歉收的年份，有的人家就套上大轱辘木车，有的农户则赶着毛驴，有的驼把式拉着骆驼，到苏武山下的盐碱滩上收碱柴籽，以度饥荒。

如今，人民生活逐步改善，再不用碱柴籽来充饥了，而是将收来的碱柴籽做成各种小吃，自己尝鲜，招待客人，的确别有一番风味。其中的碱籽炒面，既好吃，又可治酸性胃炎。当地老人说，这是上天赐给苏武爷治胃病之良药和活命度饥荒的"禹粮"。

2. 苦水玫瑰

苦水玫瑰在永登县的栽植已有二百多年的历史。据记载，在清朝道光年间，永登苦水李窑沟（现下新沟村）有个王姓秀才赴京赶考返回时从西安带回几株玫瑰，栽植在自家花园中观赏。由于极适宜当地的土壤和气候等环境，生长旺盛，枝多花繁、花香四溢、浓香袭人，深受人们的喜爱，想栽植的人越来越多。于是一传十，十传百，家家户户采用分株法竞相栽植。不过数年，各家房前屋后、庭堂院落，都栽满了玫瑰。

＜苦水玫瑰

我爱甘肃

后发展到地埂、渠畔，主要以观赏为主，进而又陆续扩展到周边地区。由于玫瑰在永登县最早是在苦水引种，又在以苦水为代表的地区内长期栽植，经过人们的不断选育，最终形成了地方品种，因而习惯上称其为"苦水玫瑰"。

兰州人栽培玫瑰历史悠久，而以永登县苦水乡所产质量最优，名冠天下。苦水玫瑰又名"刺玫花"，为兰州市的市花。苦水玫瑰不仅姿容娇艳，可植于前庭后院，街旁巷道，衬托以"浓似猩猩初染素，照得深红作浅红"的迷人景色；而且香气沁人的玫瑰花朵，可用于糖腌、蜜制、酿酒、作酱、入茶或配制各种糖果糕点，玫瑰油是香烟、香皂、香水和高级化妆品的名贵香料。兰州苦水玫瑰花和精油产量均居全国首位，成为畅销全国的花中奇葩。苦水玫瑰以它迷人的芳香而闻名于世界，在全国处于举足轻重的地位。兰州市永登县出产的玫瑰花及玫瑰油都占到全国总量的50%以上，出油率万分之四以上，高于全国平均水平，因而兰州永登被称为中国的"玫瑰之乡"。永登苦水玫瑰种植已有悠久的历史，提取玫瑰油的精油率可与世界著名的玫瑰生产国保加利亚的蔷薇香精媲美。20世纪30年代，天津酒厂用苦水玫瑰造的玫瑰酒，在巴拿马展览会上荣获银质奖章，从此苦水玫瑰驰名中外。苦水在甘肃兰州，这儿有中国最大的玫瑰生产基地，中国的玫瑰油绝大部分产于这里。

3. 武都花椒

武都地处甘肃南部，西秦岭南麓，甘、陕、川三省交界地带，雨量充沛，气候温和，林草茂盛，资源丰富，素有陇上"小江南"之美称。居长江水系白龙江中游的武都区自古就是优质花椒的故乡，素有"千年椒乡"之美誉，又因花椒品质优异，民间冠以"大红袍"之称。武都是我国花椒原产地之一，距今已有2000多年的栽培史。目前，该区花椒种植面积90.4万亩，花椒年产量1020万公斤，堪称"中国花椒第一县"。武都花椒远近闻名，畅销全国，著名餐饮连锁小肥羊火锅店的花椒全部来自甘肃武都，可见其盛产的花椒的影响力。其中尤以武都花椒的颜色、麻味更胜，武都也因此

<武都花椒

被称作花椒之都。据李时珍《本草纲目》记载："花椒坚齿、乌发、明目、久服，好颜色，耐老、增年、健神。"

4. 兰州黑瓜子

兰州黑瓜子以其片形特大，约比其他瓜子大 1/2 至 1 倍，壳薄、肉厚、油多而闻名，加工成五香瓜子、椒盐瓜子远销国内外，是人们喜爱的茶余饭后的休闲食品，也是甘肃著名特产之一，易磕剥且味道可口，是老少咸宜的大众食品。

兰州黑瓜子主要产于兰州郊区及皋兰、永登、靖远、会宁等县。其质量优良的原因主要在于，一是这里取籽的籽瓜经长期培育，去劣存优，是精选出的优良品种。籽瓜皮呈浅绿色且有花纹，瓜子饱满肉厚、片形特大。二是种植籽瓜的土壤为砂田，即在农田上覆盖一层厚达半尺的砂砾，具有明显的抗旱作用，有助于农作物的生长。兰州黑瓜子饮誉海内外，被誉为兰州大板，瓜籽之王，是兰州市传统的出口商品之一。

在皋兰至今保留着这样的乡俗，每逢喜事，宴请亲朋，必有一盘以黑瓜籽为主，糖果点缀其间的干鲜果盘，先菜而上，招待来宾。逢年过节，黑瓜籽更是家家产户款待客人的必备之物。

兰州黑瓜子 >

　　皋兰种植籽瓜源于何时，虽无确切答案，但光绪十八年（1892年）
编纂的《重修皋兰县志》中，就有"籽瓜子黑而大且多，瓤瓜不堪食，专
取其子收之"的记载。可见皋兰种植籽瓜的历史，至少在100多年以上。
当地农民都有种植籽瓜的习惯，过去主要在旱砂田种植，近年来随着地膜
覆盖技术的推广，开始采用水地地膜种植。籽瓜虽全县各地均有种植，但
主要分布在忠和镇六合、盐池、忠和、崖川、水源，水阜乡的水阜、砂岗、
长川、涝池、老鹳等地，种植面积在万亩左右，总产黑瓜籽30万至50万
公斤，产量最好的一年，产黑瓜籽达66.2万公斤。

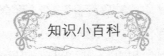

知识小百科

　　籽瓜是喜温耐热作物，皋兰县有其得天独厚的自然生长条件。其一，皋兰地处
内陆，年降水量少，日照时间长，昼夜温差大，空气干燥，属典型的温带半干旱大
陆季风气候，非常适宜籽瓜的生长，有利于糖分等养料的积累。其二，皋兰有劳动
人民创造的独特旱砂田。旱砂田与旱土地相比具有明显的增湿、保墒、压碱作用，
旱砂田种植的籽瓜，无论瓜籽、瓜瓤的品质都优于土地籽瓜。

　　　　　　　　　　　　　　　　　　　　物华天宝——丰饶的物产

<兰州百合

5. 兰州百合

兰州百合属川百合的变种，是多年生草本植物，因其地下茎块由数十瓣鳞片相互抱合，有"百片合成"之意而得名。兰州百合营养丰富，品质极佳，以名菜良药著称全国，是百合中的佼佼者。我国著名植物分类学家孔宪武认为："兰州百合味极甜美，纤维很少，又毫无苦味，不但闻名全国，亦可称世界第一。"

兰州百合有多种营养成分，是蔬菜中的珍品，可烹甜食，可炒食、煮食或作清凉饮料，消暑去热。兰州百合能做30多种高、中档佳肴，其中"百合雪莲"、"蜜汁百合"、"冬梨百合"、"百合蟠桃"、"百合雪鸡"、"冰糖百合"、"鸳鸯百合"、"百合牡丹"、"百合凤凰"等等，富丽堂皇，香甜醇美。如果用兰州百合与兰州玫瑰调配制成"百合玫瑰羹"，可与莲子羹媲美。

兰州市西果园乡，是兰州优质百合的主产区，种植百合已有130多年的历史。因这里得天独厚的土壤条件和多年积累的栽培技术，出产的百合色白、个大、味美、营养丰富，在国内外享有盛誉，成为闻名遐迩的"百合之乡"。

庆阳杏子 >

6. 庆阳杏子

杏树是多年生蔷薇科落叶乔木，在庆阳有着上千年的栽培历史，全市各县区均有种植，宁县、镇原县相对较多。庆阳杏子皮薄色艳，个大肉厚，乃果中佳品。果肉加工而成的杏干紫中透黄、暗中泛亮，含糖量高，吃来别具风味。杏仁有甜、苦两种，甜杏仁具有多种香味，营养极为丰富。苦杏仁中含有多种营养成分，有祛痰、润肺、止咳平喘、滑肠通便、抗癌等多种功效，深受国内外消费者欢迎。

7. 天水花牛苹果

花牛苹果，甘肃省天水市特产，指产于该市大部分地区的元帅系优良品种苹果，为中国国家地理标志产品。花牛苹果肉质细，致密，松脆，汁液多，风味独特，香气浓郁，口感好，品质上被许多中外专家和营销商认可为与美国蛇果、日本富士齐名的世界三大著名苹果品牌，是中国在国际市场上第一个获得正式商标的苹果品种。

花牛苹果在天水市开始种植于 1925 年。1965 年秋，花牛村果农精心挑选出两箱刚刚采摘的苹果给毛主席寄去，表达对主席的敬仰。主席品尝后，非常喜爱，并在家中会见时任甘肃省省长的天水籍著名人士邓宝珊时用天水苹果招待他，称赞道："你家乡天水的苹果好吃！"此后，中共中

物华天宝——丰饶的物产

<花牛苹果

央办公厅专门致函，代表毛主席向花牛村村民致谢，花牛村将感谢信勒石
树碑，永志纪念。同年，花牛寨培育的红元帅首次运至香港试销。为了便
于了解试销情况，技术人员在苹果箱的右上角均用铅笔注上"花牛"二字，
作为记号。香港办事处将"花牛"红元帅卖给英国贸易商，英商又转销给
美国贸易商，几经品尝，"花牛"苹果异彩初放，轰动一时。当时香港报
纸说，中国的西北地区有个"花牛国"，生产最优质的"花牛"苹果，果
型、肉质、含糖量等项指标均优于美国的王牌苹果"蛇果"，并压倒世界
各国名牌苹果，经香港市场评比，中国"花牛"苹果夺得了世界王牌称号。
世界各国贸易商都与中国出口办事处签订了3年合同购买"花牛"苹果。
中国农科院果树所（新红星开发组）在《对我国新红星苹果栽植区划的初
步意见》中讲到：天水所产的"花牛"苹果，在香港国际市场上售价很高，
为中国出口苹果中信誉最高、数量最多的一个出口商品。以后，中国正式
以"花牛"作为苹果商标，向外大量出口。1974年国家外贸部、林业部正
式确定天水为六大苹果外销产地之一。

　　8. 瓜州赛瓜节

　　安西，古称瓜州，有关西瓜的传说趣闻颇多。传说周穆王西巡时，西
王母特设瓜果宴盛情招待众仙。其中一采瓜仙女捧着一盘仙瓜回瑶池，路
过安西，被安西榆林窟万佛峡壁画艺术和大漠风光所吸引，遂落下云头，

我爱甘肃

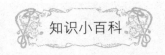

知识小百科

安西西瓜的传说

对于安西的西瓜，民间还有一段动人的传说。相传汉武帝时博望侯张骞出使西域，路过安西时生了重病，随行医生也无方可治。后来一名民间郎中，在今安西县城西5公里处的板桥镇一个农家找来了两个西瓜，请张骞连食数块，张骞的病竟奇迹般地治好了。张骞回长安后，对此事不能忘怀，为了感恩，出资派人到安西修起一座城池，并赐名为"瓜州"。从此，安西人民大多以瓜为业。传说尽管离奇，但安西北依马鬃山、南临祁连山，是著名的"世界风库"，戈壁、沙漠占全县面积的80%，年平均日照3300小时、昼夜温差15℃、年平均降雨量仅4毫米，十分宜于瓜的生长和瓜内糖分的积累，确是实情。安西西瓜大多为红瓤瓜，且皮薄、瓤厚、质沙、甘甜，含糖量高达10%以上，每年产瓜可达2000万斤，是甘肃著名的产瓜之地，赛瓜节即因此而形成。

偷偷观赏，到绝妙之处，禁不住拍手叫绝，不慎把仙瓜掉在了地上。从此仙瓜便在安西繁衍生长，这便是后来的安西西瓜。

∧ 西王母的蟠桃盛会场景

第四节　闻名中外的中药材资源

甘肃是全国药材主要产区之一。现有药材品种9500多种（包括野生），居全国第二位。目前经营的主要药材有450种，如当归、大黄、党参、甘草、红芪、黄芪、红花、贝母、天麻、杜仲、灵芝、羌活、冬虫草等，特别是"岷当"、"纹党"产量大、质量好，是闻名中外的出口药材。据调查，全省中作为药用的动、植物及矿产物中药材约1080种，其中药用植物951种、动物87种、矿物34种、加工类药8种；先后引入生地、人参、黄连、山芋肉、元胡、伊贝等外地药材多种，有计划地扩大了药材栽培面积，并在甘肃的文县建立了香獐自然保护区、在肃南县办起了养鹿场。

1. 陇西黄芪

陇西地区盛产100多种中药材，素有"千年药乡"之称，陇西所产党

< 黄芪

我爱甘肃

参、黄芪、柴胡、板蓝根等药材质优量大，深受国内外客商青睐，享有"西北药都"、"中国黄芪之乡"等盛誉，已成为西北地产中药材生产、销售、种苗繁育和信息服务中心。丰富的中药材资源，先后吸引了三九集团、千金药业、恒利药厂等企业在陇西建基地、办企业、搞合作，药乡一派蒸蒸日上的景象。

黄芪是甘肃陇西县著名特产之一，其生长地气候高寒阴湿，土地肥沃疏松，具有适合黄芪生长的独特优越的地理条件。黄芪由陇西地区栽培的历史悠久，独享其名，其性微温，味甘，属无污染产品，是馈赠亲朋之珍品。

2. 岷县当归

当归古名草头归、文无、乾归、夷灵芝、仙二女，属伞形状科多年生草本植物，药用其根。岷县当归又称"岷归"，古今中外医学界公认岷归为地道药材，有"中华当归甲天下，岷县当归甲中华"之美称。祖国传统医学认为，当归能上能下，可攻可补，有活经补血、调经止痛、去瘀生新、润肠通便等功效，其中补血效果尤为卓著。欧洲医学界称当归为"中国的妇科人参"。早在1000多年前，岷归中的"马尾当归"就是进贡朝廷的珍品。

岷县当归 >

百病可治，各有所归

在这里还有一个美丽的传说。相传在很早以前，在岷山脚下渭水源头，住着一对恩爱夫妻，男的叫荆夫、女的唤秦娘。夫妻二人过着安居乐业的生活。不久，秦娘怀孕生子，得了产后血症。荆夫四处求医治疗，不见好转，心里着急。一天，门口来了一位老道人，声称他居住在峨嵋山下，管种百草百药，医治人间疾病，如荆夫愿去求药，秦娘之病可治。荆夫听说能治好秦娘疾病，哪怕刀山火海也要前去。他安慰秦娘一番，当即随老道前往。经过千里跋涉，终于到了峨嵋山。这里重山叠嶂，云海绵绵，仙洞天池，奇花异香，真是个神仙境地。老道人将荆夫领到一座茅庵旁，指着一种紫杆绿叶开着葱白伞形花序的植物说："这就是你要找的那种药，现在正在开花，要得成药，最少要三年时间，今年采籽，明年育苗，到了后年才能栽种成药，还得施肥除草，精心护理，如有疏忽，时间倍增。"

荆夫按老道的指点，披星戴月，辛勤栽务。三年过去，所栽之药有了收获，他心里非常高兴，准备回乡给秦娘治病。临行之时，拜别老道。老道人将所栽之药捆在一起，交给荆夫说："眼下秦娘病重，正盼你归，当归，当归！"当归之名即从此来。老道人边说边开得药方一剂，交给荆夫。荆夫接药，感激不尽，双膝跪地，再拜师傅："不知此药能在吾乡栽种吗？"老道犹豫片刻说："要种此药得有三个条件：适宜的气候，湿润肥沃的土壤，勤劳而有耐心的主人。吾观弟子家乡有此三宝，这里有少许种子送你，望能依法培植，解民疾苦。"

荆夫拜别师傅，星夜赶路，半月后回到家里，果然秦娘病已沉重，危在旦夕。他当即将所带之药如方配制，给秦娘灌服，病情立见好转，不久便痊愈。夫妻二人感激不尽，就将老道人所赠药籽依法种植，三年之后种成当归，岷山脚下，洮渭之滨，遍地栽种，异香醉人。

第三章

悠久的甘肃历史

　　甘肃省历史悠久，文化底蕴厚重，是中华民族和华夏文化的重要发祥地之一。中华民族的人文始祖伏羲、女娲和黄帝相传诞生在甘肃，故有"羲轩桑梓"之称。汉代的开边政策和张骞通西域成功开通了丝绸之路。隋唐时期，甘肃成为我国联系西域各国和欧洲的重要通道，武威、张掖、敦煌成为经济文化繁荣的国际性贸易城市，整个河陇地区农桑繁盛、士民殷富，《资治通鉴》有"天下称富庶者，无如陇右"的记载。

∧ 玉门关遗址

第一节　中华民族的始祖——伏羲

　　伏羲是中华民族的始祖，居三皇之首，百王之先，是中国第一位人王，他和女娲被誉为中国的"亚当"和"夏娃"。伏羲文化是史前文化的重要组成部分，是中华民族优秀传统文化的源头。传说伏羲、女娲均为人首龙身，或说人首蛇身，是他俩繁衍了整个中华民族，所以中华民族自称"龙的传人"。伏羲的诞生和功绩，从远古流传至今，历代尊为人祖。他们为人类的繁衍、生存，探索发明了新的生产手段和新的生活方式，"肇启文明"使人类摆脱了洪荒时代的蒙昧状态，为中华民族的文明史和兴旺发达奠定了根基。天水是伏羲的诞生地和伏羲文化的发祥地，市内现有一座元代始建、明代重修的全国规模最大、保存最完整的伏羲庙。伏羲庙临街而建，两门三进，庙内古柏参天，浓荫盖地。主体建筑太极殿高大雄伟，内有伏羲泥塑彩绘像，天花板上装潢着完整的六十四卦及河图洛书图形。在距市区 17 公里处的三阳川，相传是伏羲氏画八卦的卦台山，庙内有伏羲塑像和明代时期木刻的八卦盘。伏羲作为"人文始祖"在历史上被尊为三皇之首，对人类文明做出过重大贡献。

第二节　春秋战国以前的甘肃

　　甘肃省在古代禹帝时期属于雍、梁地域。到了商代，周朝的祖先——周部落居于泾河、渭河流域，周的先人改善耕作，培育新的农作物品种开拓了我国最早的农业，周部落的势力大大增强。在周文王兴周，周武王在姜尚辅佑下灭商以前，周部落就已经向西发展，战败了西戎混夷，把境域向西扩展到密（今灵台县）。这一时期，在今甘肃境内有羌方、共（今泾川县北）、密（今灵台县西）等方国部落，不同部落间有着广泛的交流。

　　西周时，秦人的祖先在天水地区定居，逐渐缓慢地从游牧经济过渡到农业经济，但游牧生活仍占居主要的地位，生活以游牧和狩猎为主，善于养马。所以，秦人的首领秦非子被周王室看中负责为周王室养马，使马有了很大的发展。周孝王后来封秦的祖先为"附庸"，"邑之秦"，在秦亭，也就是今甘肃省张家川回族自治县城南地区筑城建邑，秦人由此开始有了立足之地。

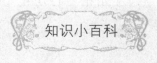

知识小百科

马家窑彩陶

　　甘肃是我国彩陶起源最早、发展时间最长、分布范围最广、艺术成就最高的地区，素有"彩陶之乡"的美称。距今7800年前的秦安大地湾一期文化出现的彩陶，

为世界上最早出现的彩陶文化之一，属于仰韶文化的大地湾文化遗存中发现，彩陶成为这一时期的最重要的文化表征。其代表是人头形器口彩陶瓶，构思奇特，造型别致，文饰美观，线条流畅，标志了中国古代制陶工艺技术的高度发达。

在甘肃发现最多、分布面最广、最具代表性的当属新石器时代中晚期的马家窑文化。马家窑文化早在20世纪20年代由瑞典考古学家安特生发现，它最鲜明的特征，便是彩陶文化十分发达，各个不同文化类型遗址中有大量的彩陶出现。这在整个中国彩陶文化中可以说是独一无二的。不仅如此，这一文化类型的彩陶还有着自己独具特色、自成体系的风貌，同其它考古学文化中的彩陶比较，其画彩的部位更加广泛，不仅在许多细泥陶的外壁和口沿布满了花纹，而且在许多大口径器物的里面和其他夹砂的炊器上画上彩纹。其繁缛而多变，细腻而奔放的文饰，表明这一时期无论是陶器的烧制，还是绘彩的技术，都已达到相当成熟的程度。正因为如此，所以考古界一度将其称为"甘肃彩陶文化"。马家窑文化位于黄河上游地区，最先发现于甘

马家窑彩陶 >

悠久的甘肃历史

肃临洮马家窑，其年代约为公元前 3300—前 2050 年。它上承庙底沟文化，下启齐家文化，是仰韶文化晚期的一个地方分支。

马家窑文化的彩陶制作工艺很成熟，数量特别繁盛，彩绘幅面很大，是我国第三批全国重点文物保护单位，2001 年被评为"20 世纪中国百项考古重大发现"之一，反映了当时高超的彩陶技术。

第三节　春秋战国时期的甘肃

春秋时期，省境属秦国和西戎。西戎中较大的几个部族是：绵诸（天水附近）、邽戎（天水西南）、冀戎（今甘谷县南）、义渠戎（六盘山左右，今甘肃庆阳和宁夏回族自治区固原地区）、翟（今临洮县）、豲（今陇西县北）。这些戎族，仍保持着"以国为氏"的习惯，虽号称为国，实际上还处于原始社会阶段。西戎各国与秦国相邻，公元前 770 年刚刚立国的秦国为了扩充势力，把它的视野对准西戎。但秦襄公几次伐戎都失败了。到秦武公时，由于势力迅速扩展，先后征服、并吞了绵诸、邽戎、冀戎、义渠戎、翟和豲等戎族。为了对新开辟的地区进行控制，秦国开始在这些地区建县。公元前 688 年（秦武公十年）秦国在已被征服的邽戎、冀戎地区，设邽县（今天水麦积区南）、冀县（今甘谷县），这是甘肃历史上建立最早的两个县。

战国时期，秦国的疆域已达今甘肃的东南部。但曾被秦武公征伐过的绵诸、义渠、翟、豲等戎族部落乘秦忙于争霸的机会，又逐渐壮大起来，使秦国在与诸侯国争雄的同时，不得不以相当的力量来对付诸戎。公元前

我爱甘肃

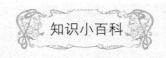

大堡子山遗址

　　大堡子山遗址位于礼县永平乡和永兴乡交界处的西汉水北岸，隔河与南岸的山坪城址相对，西侧有永平河自北而南注入西汉水。遗址以东的西汉水河谷平坦开阔，以西则狭窄蜿蜒。遗址总面积约150万平方米。

　　秦朝是我国历史上的第一个封建王朝，世人所知的是秦王朝的强盛，但秦人的来源、早期的生活以及向东发展的历史一直是学术界争论不休的历史谜团。据《史记·秦本纪》记载，秦人的先祖大骆非子所居的"西犬丘"及早期秦都邑、西周秦人的中心活动区域，就在今甘肃东南部的陇南及天水一带。20世纪20年代，礼县盐关—罗家堡一带出土了著名的"秦公簋"；90年代初，大堡子山秦公大墓被盗掘，大批珍贵文物流失海外，其中青铜重器百余件，多有"秦公作铸用鼎"、"秦公作铸用壶"、"秦公作宝簋"等铭文；1994年甘肃省文物考古研究所对大堡子山墓地进行了抢救性发掘，确认该墓地为秦公西陲陵墓区；2001年礼县大堡子山秦公墓地被国务院公布为全国重点文物保护单位。

∧ 大堡子山遗址

320年，秦派兵伐义渠，攻郁郅（今庆城县东）。公元前314年，再次伐义渠，得25城。至秦昭王时，义渠等戎终为秦所并，以其地设郡置县，加强统治。秦昭王27年（即公元前280年）设置陇西郡，时过9年，于秦昭王35年（公元前272年）再建立北地郡。

第四节　秦汉时期

　　秦统一六国，建立起统一的、多民族的封建中央集权国家，全面推广春秋战国时期已出现的郡县制，分全国为36郡（后增为40郡）。当时，省境行政区划为郡、县两级制，共设陇西、北地2郡。陇西郡郡治狄道（故治在今临洮县东北），辖区约当今甘肃东南部之地；北地郡治义渠（故治在今宁县西北），辖区约当今甘肃东北部和宁夏回族自治区东南部之地。今甘南东南隅之一部属汉中郡（治南郑，今陕西省汉中）。

　　西汉时期的行政区划同秦代一样，仍为郡县两级制。县以下基层行政组织为乡、里。公元前205年，汉高祖始占有陇西、北地两郡。随着汉王朝疆域的不断扩大，郡县数随之猛增。汉武帝凭借汉朝强大的经济、军事实力，从公元前133年到公元前119年，集中兵力反击匈奴的经常骚扰，并取得军事上的胜利，在此基础上遂先后于元狩二年（公元前121年）置武威、酒泉2郡。过了10年，于元鼎六年（公元前111年），分武威郡置张掖郡，析酒泉郡置敦煌郡。同时迁徙内地贫民到河西4郡，广泛实行军事屯田，军农结合，巩固边防。河西4郡的设置，对切断匈奴与西羌的交通，开辟我国通往西域的走廊，对于开发河西，促进这一地区经济和文化的发展，具有十分重要的意义。后来，汉武帝于元鼎三年（公元前114年）

我爱甘肃

知识小百科

黑水国遗址

　　黑水国遗址位于张掖西北 12.5 公里处，南北长 15 公里，东西长 10 公里，是新石器时期的古文化遗址，为全国重点文物保护单位。遗址内有汉代墓葬群，约 4 平方公里。

　　相传西汉以前匈奴移居这里，划疆为小月氏国国都。因当地人称匈奴为"黑匈"，故称为"黑水国"。按《天下郡国利病书》引《杜氏通典》说，其地系汉时张掖古城。黑河古称"弱水"发源于祁连山，是河西走廊最大的河流。因发洪时挟带黑沙滚滚而来而得名。黑河水量充足，自古就是河西农田灌溉的主要水源。

　　黑水国因黑河而得名，也因黑河而盛衰。黑水国遗址很早以前是个很大的湖泊，后来逐渐干涸，形成了一块巨大的川地。当地民众称之为"老甘州"或"黑水国"。千百年来，黑水国几经变化，早已湮灭，只留下残垣断壁，神秘的传说给今人无尽遐思。

黑水国遗址 >

悠久的甘肃历史

又增置天水、安定郡；元鼎6年（公元前111年）设武都郡；汉昭帝始元六年（公元前81年），从天水、陇西、张掖3郡各分出2个县建立金城郡，有"河西五郡"之称。这样，就使省境郡的数目由秦代的2个郡增为10个郡，共辖115县、10道（县一级，在少数民族地区设置）。

除行政区以外，西汉王朝为加强中央集权，还在地方设置监察区，省察地方政务，检举官吏的不法行为，纠察强宗豪右，断理冤狱。当时甘肃属凉州刺史部。

东汉时，行政区划大体上是州、郡、县三级制。当时甘肃属凉州，只是辖县有所调整，比西汉时减少了26个，增加了2个属国，即张掖属国（在今张掖市的东北，长官为属国都尉）、张掖居延属国（在居延海西，故址即今内蒙古自治区额济纳旗，长官为都尉）。属国在政区上相当于郡，为少数民族管理区。另外，省境南部边缘的一小部分地区分属益州。

汉灵帝中平五年（公元188年），为了加强地方官的实力，镇压农民起义，改革地方行政制度，扩大刺史权力，并将刺史更名为州牧，确定州为郡上面的一级地方政权。这就使实行了400年之久的郡县两级制扩大为州、郡、县三级制。

第五节　魏晋至明清时期

魏晋以降至唐宋间，省境内郡县设置多有变更，大抵按州、郡、县或路、府、县划分。三国时期，甘肃大部分地区属魏国。西晋末，省境内先后建立起前凉、西凉、北凉、后凉、前赵、后赵、前秦、后秦、西秦、大夏、成汉、仇池等割据政权。隋统一后，全省分19郡94县。唐代属

我爱甘肃

关内、陇右两道，辖 21 个州。宋代属永兴、秦凤、利州三路，下辖 17 个州。

西夏时省境西部为其所有，东部则为金人占据。元代创立行省制度，把全国分为 11 个行中书省，元世祖至元十八年（1218 年），甘肃正式设省，取甘州（今张掖）、肃州（今酒泉）首字，设甘肃行中书省，治所设在张掖，除辖今甘肃大部分地区外（陇东地区属陕西行省），兼领今青海、宁夏、新疆、内蒙古的部分地区，共辖 7 路 5 直隶州 4 府 22 属州 24 县，这是中国历史上第一次出现甘肃省的行政区划。

明改元制，废除行省，在全国设 13 个承宣布政使司，今甘肃省境属陕西布政使司。清代前期，甘肃与陕西分治，辖区除今省境外尚辖西宁府、宁夏府及今新疆东境一带，光绪时新疆分治，甘肃除宁夏、西宁两府外，其行政区域大体与今相同。民国时期，实行省、道、县三级政权制，甘肃疆域与清代略同，辖 7 道 76 县。1927 年废道，实行省县二级制。1928 年，青海、宁夏分省，甘肃省辖境缩小，全省共有 1 个市（兰州）、69 个县、2 个设治局。

第六节　现代史大事记

大革命时期，甘肃就有中国共产党领导的革命活动。1932 年 3 月，正宁县四村塬周围 72 个村相继成立了革命委员会，建立了我省第一个工农民主政权。同年，成立了中共甘宁青特委。1933 年 3 月，建立中共陕甘边特委。不久，陕甘边区苏维埃政府于 1934 年 11 月在华池县荔原堡诞生。接着华池、庆北（1936 年与华池县合并）两县也成立了苏维埃政府。红军长征进军甘肃，突破天险腊子口，进入宕昌县境，通过渭河封锁线，召开哈达铺、榜罗会议，一、二、四方面军三大红军主力在会宁县胜利会师，进一步促进了陕甘的革命活动。1935年11月，根据中华工农民主共和国中央执行委员会的决定，陕甘边区根据地划为陕甘省。1936年7月，改陕甘省为陕甘宁省，驻地迁往甘肃曲子，辖区在甘肃境内的有华池、环县、曲子、固北、赤庆、定环等县。1937年1月，中共关中特委派代表与国民党代表谈判，将正宁、宁县"一分为二"，国民党在其白区设两个县，共产党在红区设新宁、新正县，隶属关中分区。同年，陕甘宁省划分为三边分区和庆环分区。庆环专署辖华池、曲子、固北（后并入环县）、赤庆（后并入华池）、环县、定环（后分别并入环县和定边）6县，另在原统战区设陕甘宁边区陇东办事处，领导庆阳、合水、镇原、宁县的抗日救亡运动。1940年3月，庆阳、合水、镇原3县正式建立抗日民主政权。同年4月，陕甘宁边区政府决定建立陇东分区，在庆阳设立陇东分区行政督察专员公署，辖华池、环县、曲子、庆阳、合水、镇原6县。1949年6月，宁县、正宁两县划归陇东分区管辖。

一、关键时刻的兰州事变

东北军五十一军是1935年进入甘肃的、军长于学忠在东北军屡建战功，深得张学良信任，成为东北军中地位仅次于张学良的重要人物。

当时在党的抗日民族统一战线政策的感召下，受到爱国青年学生"一二九"运动的影响，驻甘肃的绝大部分东北军官兵厌倦内战，要求抗日的情绪日益高涨。

西安事变爆发后，兰州方面连续接到张学良和于学忠的电报。张学良的电报是发给秘密联络员解方的，解方的真实身份是共产党员，时任

我爱甘肃

于学忠 >

五十一军参谋处二科中校科长。他身上带有张学良交给他的专用密码联络本，只有军长于学忠和参谋长刘忠干知道他的秘密联络员身份。张学良在电报中命令第五十一军立即按部署行动，切断兰州与国民党中央的联系，将胡宗南部两个团，绥署特务营及军统有关武装一律缴械，对重要人员限制其自由，通电发表声明响应八项救国主张，切实控制兰州，与西安形成呼应之势。为加强兰州防务，西安的于学忠调一一四师、一一八师到兰州，与一一三师共同控制局势。在刘忠干（五十一军参谋长）、周从政（甘肃省政府秘书长）等人召集下，驻兰东北军召开各师参谋长会议，布置兰州军事行动，通过行动计划。12月12日晚7时至13日凌晨，第五十一军与甘肃省政府联合行动，首先占领了国民政府驻甘绥靖公署，扣押了绥署各处处长，击毙绥署军需处处长王式辉、绥署参议杨陟岗以下数十人；接着，他们对国民党要害部门采取军事行动，先后俘虏、扣押1200多人，击毙了胡宗南部蔡、徐二团长等10余人，解除了中央军在兰州部队和兰州地方特务组织的全部武装，看管了兰州市警察局局长史铭。军事行动结束后，第五十一军立即通电全国响应张、杨的"八项主张",并以省政府主席于学忠的名义在兰州市内张贴布告,解释事变的原委,维护社会秩序,安定民心。解方随即将"兰州事变"情况报告了张学良。

由于这次行动果断、迅速、周密,五十一军很快控制了兰州局势,市面秩序很快恢复如常。12月13日,于学忠带领各师师长回到兰州,对兰州事变的成功非常满意,并积极进行抗日宣传,进行释放监狱犯人等事宜。

12月14日上午,甘肃省政府召开地方绅士和知名人士参加座谈会,省政府有关人员就事变情况作了相关介绍,与会者纷纷表示反对内战,赞同张、杨八项主张,呼吁一致对外抗日。兰州取得了甘肃社会上层多数人对事变的同情和支持,激发了兰州师生的抗日救亡的热情,掀起了进行抗日宣传演讲、散发传单、成立抗日救亡组织、组织抗日救亡活动的热潮。

"西安事变"和平解决后,东北军五十一军军长于学忠的甘肃省政府主席职务被蒋介石罢免,贺耀祖代理甘肃省主席,调中央军某师进驻兰州。1937年4月,于学忠与东北军五十一军一起离开了甘肃。

兰州事变是西安事变的重要组成部分,有着积极的历史意义和影响。兰州事变的发动,增强了张、杨将军的军事实力和政治谈判地位,促成了事变的和平解决。它不仅壮大了西安事变的声势,使甘肃各阶层爱国民众受到了救亡图存的强烈震撼,也在一定程度上使甘肃人民了解了党的抗日救亡的政治主张,从而对后来党领导下的抗日救亡运动在甘肃的蓬勃兴起产生了重大的影响。

二、哈达铺整编

哈达铺是甘肃省南部宕昌县西北部一个重镇。1935年9月,中国工农红军一方面军长征到达哈达铺。

我爱甘肃

哈达铺现在是甘肃省陇南市宕昌县的一个建制镇,原名哈塔川,自古以来都是甘川道上的一个商贸重镇和军事要冲。哈达铺在三国时为"阴平古道"(即今宕昌、武都、文县沿岷江、白龙江、白水江一线),魏将邓艾当年即从此入川灭蜀。

1935年9月,由毛泽东率领的中国工农红军一方面军即中央长征红军路过哈达铺,毛泽东等中央领导到哈达铺从报纸中获悉陕甘边一带有红军和根据地存在的消息后,在此驻扎了7天并召开了中共中央政治局常委会和团以上干部会议。会议分析了形势任务,作出了向陕甘革命根据地进军的重大决策,会议决定了陕甘支队的整编方案,讨论了组织工作和干部问题,第一次明确提出"到陕北去",作出了把长征落脚点放在陕北的重大决策;将中央红军改编为抗日先遣陕甘支队,并命令部队改善伙食、恢复体力、补充给养,为北上抗日作全面准备,这就是著名的"哈达铺整编"。

三、平凉事变

东北军西调陕甘后,兰州、平凉是其主要驻地。平凉地处陕甘大道咽喉处,是重要的军事战略要地。1936年秋,正当三大主力红军汇聚西北、准备会师甘肃会宁地区之际,蒋介石急调国民党部队16个师23个旅的兵力,在陕甘宁三省布防,堵截红军。东北军王以哲部的六十七军及直属卫队师一〇五师的两个旅,从延安、洛川等地调防平凉。平凉地区实际上已成为国民党部队拦截红军北上会师,阻挡红军进入陕甘根据地的前沿阵地。

1935年10月下旬,张学良邀请在西安的国民党新编第一军军长邓宝珊一同乘飞机到达平凉,视察东北军驻防平凉的直属卫队师一〇五师,邓宝珊的演讲赢得了三校师生的热烈掌声。邓宝珊在演讲中鼓励中华儿女积极地行动起来,做一些支援抗日、救亡图存的工作。双十二事变发生前夕,

悠久的甘肃历史

张学良为谏蒋成功，不得不对部队进行必要的部署，加强了驻防陕甘部队的调动安排，密切了与东北军各军军长之间的联系。期间，张学良多次夜飞平凉，秘密召开东北军高级将领会议，商议劝谏事宜和应对措施。11月下旬，张学良将军乘飞机抵兰州与于学忠晤面后又让于学忠与他一起转飞平凉，在平凉召开了一次秘密军事会议，密商谏蒋步骤，平凉秘密会议可看成"西安事变"的预备会。正因为平凉已成为西安事变的实际策源地，因此当西安事变的枪声响起时，同步进行的有平凉事变和兰州事变。

西安事变前夕，张学良为做好兵谏准备，急调驻防平凉的卫队师一○五师开赴西安驻防。平凉的军事工作由六十七军副军长吴克仁代任军长主持。12月12日，在西安事变爆发的同时，与之相呼应的平凉事变也爆发，平凉城区被全部戒严。当晚，驻平凉防卫队一○七师代师长金魁壁命令解除驻东大街火神庙和中山桥北极营两处国民党宪兵武装，扣押80余人。同时，由平凉专员兼平凉县县长的刘兴沛发布命令并派人释放平凉

< 邓宝珊

我爱甘肃

监狱的政治犯。14日，张学良派出飞机在平凉上空盘旋，撒下一批有关张、杨抗日救国八项主张以及西安事变经过的传单，安抚驻平部队和地方民心。东北军中的中共党组织在平凉迅速成立了以刘兴沛为首的地方人民委员会，成立了平凉工人救国会和学生救国联合会，在当地民众中积极开展形式多样的抗日宣传活动，进一步推动了平凉及周边地区抗日救亡运动的迅猛发展。为了阻止国民党进攻西安，中共中央派出红二十八军和红三十二军，协助东北军防务，成为西安的安全屏障。

第四章

甘肃风景录

　　陇剧表演艺术讲求真实，重视从生活出发，以细腻的手法刻画人物的内心世界。陇剧表演动作吸收了部分皮影的侧身造型，如侍卫警戒多用大侧身剪影姿势，特别是啼哭动作更为别致，人物左袖垂射，右手以袖掩面，大侧身晃动腰肢，前俯后摇，抽搐而泣。这种表演已形成陇剧的独特风格。

∧ 陇绣

第一节 羲皇故里——全球华人最向往的根亲文化圣地

中华民族的人文始祖伏羲、女娲和黄帝相传诞生在甘肃,故甘肃有"羲轩桑梓"之称。1988年天水市恢复了公祭伏羲大典,连续举办的伏羲祭典,成为甘肃和天水重要的对外文化品牌,吸引了众多的海内外华人来天水朝觐祖先。经过多年的不懈努力,天水作为"羲皇故里",已成为瞻拜"人文始祖"伏羲的圣地;伏羲文化的研究、开发形成了比较完整的思路,产生了一批重要的学术成果,天水已成为全国研究伏羲文化的中心;伏羲文化所具有的创造精神、奉献精神、和合精神,在与开拓创新、与时俱进的时代精神的结合中,呈现出新的生命力;伏羲文化作为中华民族传统文化的源头,成为增强民族凝聚力的重要文化纽带,呈现出更为广阔的前景。

人文始祖伏羲氏,教人们兴农耕、制工具、用八卦预测,将那时的混沌期的人带向了文明之光,所以伏羲名排在三皇五帝之首,而甘肃的天水据大量的考古成果考证就是当年伏羲氏的诞生地,所以天水被称为"羲皇故里",天水也因为伏羲的存在与众多古迹而大放光彩。伏羲庙是到天水必定要走的一个景点,所在的路也称为伏羲路,在天水西关方向,当地老百姓习惯称"人宗庙",建筑群是明代保留下来的,属于我国规模最大,保存最完整的纪念伏羲氏建筑群。政府也很重视这里的保护和发展,出资加固扩充。整个建筑群有13座殿堂,排列得错落有序,占地超过13000多平米,坐北朝南。殿堂里供奉了伏羲的尊像,身披树叶衣,却非常威严。大殿内的柱子与藻顶上都有卦像图案,非常特别。殿外以前有 64 株古柏依照 64 卦方位而栽种的，如今只剩下 37 株了。特别值得一提的是，走近细看，还会发现树干上贴满了小纸人，这是天水人民的一种特殊祈福活动。

每年的正月十六，被定为伏羲生日，所以这一天，天水人都会聚集在伏羲庙里来祈求新年的平安顺利。每年都会在这些古柏里挑中一株作为伏羲氏的代表，大家认为这棵树就是伏羲氏的化身，无所不能，可治百病，给这棵树悬挂灯饰。庙会时，人们来到树前叩拜，然后就在古柏上贴上纸人（每株古柏都可以），用香火灸病，哪里不舒服就灸哪里，自己很健康也可以替家里有病的人来，虽然没有科学依据，但是寻求心理的解脱也是一种方法。

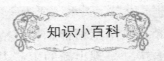

知识小百科

伏羲的神话传说

伏羲是中国古代传说中一位对华夏文明做出过卓越贡献的神话人物，有关他的传说，最具神秘色彩的便是他的出生和成婚。传说中的伏羲人面蛇身，是他的母亲在一个名叫雷泽的地方踩了一个巨人的脚印而怀孕 12 年后出生的。这个雷泽据考证就在现今的天水市境内。再后来，一次洪水吞没了整个人类，唯有伏羲和他的妹妹女娲幸存了下来。要使人类不致灭绝，他俩就必须结为夫妻，但兄妹成婚毕竟是很难的，于是他们商量由天意来决定这件事。兄妹俩各自拿了一个大磨盘分别爬上昆仑山的南北两山，然后同时往下滚磨盘，如果磨合，就说明天意让他俩成婚。结果，磨盘滚到山下竟然合二为一了。于是，他俩顺天意成婚，人类从此得以延续。如果您有幸来甘肃天水，那么，在伏羲庙内您不仅可以看到这两块神奇的磨盘，而且您还可以用手去摸一摸它们，据传还可以促进夫妻和睦、家庭幸福。

我爱甘肃

现在伏羲庙前是一片开阔的广场，被称为祭祀伏羲的广场。每年天水伏羲文化节或者一些祭祀活动的时候就是在这片开阔地举行的，热闹非凡。天水伏羲文化节是甘肃省天水市一年一度的大型祭祀伏羲典礼的群众性节庆活动。每年农历正月十六日举行，相传这一天是华夏始祖伏羲的诞辰，而天水就是伏羲的故乡。因此，每年的祭祀活动已经成为天水人生活中一个隆重的节日。天刚放亮，天水市就已经鼓乐喧天，人头攒动，一派喜庆气氛。

第二节　地方戏曲，曲艺

一、秦剧

据记载，秦州小曲创建时间为清朝咸丰年间，以陈旺所建的魁盛班演秦州小曲为主，后来发展为秦腔，扩充到城区、郊区及农村。

秦州小曲的演唱曲目包含部分民歌，如《洋彦麦》等，也保留了一些社火曲儿，但主要演唱的是小曲演唱曲目、历史故事和忠孝节义、婚姻爱情以及尊老爱幼情节，如《三娘教子》、《小姑贤》、《大保媒》等。秦州小曲主要以地方方言道白，以民间民俗实物做道具，朴实无华，乡土气息浓厚。秦州小曲传承一段历史文化和文物故事，特别是继承了地方方言在演唱中的文化脉络，有历史价值，又有曲艺文化研究考古价值，被称为是中国秦腔、眉户戏发展史的重要参照，是西部戏曲史上的一枚"活化石"。

秦腔在甘肃有三大流派，一是陇南派，地域涵盖今天的天水市、西和、礼县、成县、徽县、通渭等地，其演唱特点为传承西安秦腔的大气，吸收天水秧歌、小曲的特点而成的秦腔；二是耿派，主要在兰州一带；三是董志塬派，也就是庆阳一带，这三大流派共同组成了甘肃秦腔，丰富了从古以来的群众戏剧文化生活。天水秦腔是陇南派的主要发源地，其脸谱独具特色，已成为热门的收藏品。收藏脸谱一是绘于纸、绢、布等上的平面脸谱，二是雕刻于葫芦、陶器、塑料等上的立体脸谱，三是脸谱型日用品。天水脸谱主要特点是威风凶悍，形象逼真，气势逼人，尤以刻画武将、神话人物而见长。有时，人们把人物惯用的兵器也绘入脸谱中，可谓创举，如把项羽归入白脸系列，下垂的胡须还不够再加几道朝天须，用流畅的手法，充分表现了他"力拔山兮气盖世"的霸气特色；再如给王彦章额头绘一只青蛙，《打方腊》中给方腊额头画一柱云上烛光。秦腔脸谱一般用红色底表现忠义勇猛的武将，如关羽等；用黑色表现刚直不阿的猛士，如张飞等；用白色表现奸诈狡猾的枭雄，如曹操等；用花色表现神鬼人物，特别是阴阳脸，也称半男半女，或半人半鬼表现精灵鬼怪，如姬兰英等；用金色表示神仙等，脸谱底色也多用金色或红色。

二、陇剧

陇剧是甘肃独有的地方戏曲，原名陇东道情，流传于甘肃东部的环县及曲子镇一带。陇东道情起源于汉代的道情说唱，唐宋时期由宫廷走向民间，因演出排场和活动方式均极简便，全部箱具乐器一头毛驴即可驮走，当地群众又称这种皮影班子为"一驴驮"。环县皮影艺人解长春（1843年—

1916 年）一生从事陇东道情的改革活动，制定并改进了道情的音乐及声腔，增添了四弦、笛呐和水梆子（梆铃）等乐器，对道情艺术的发展有很大贡献。此后道情唱腔又发展为东南西北 4 路，其中许元章、耿颢贤、史学杰、敬廷玺等艺人，便是各路唱腔的著名代表。1959 年大型古典戏曲《枫洛池》的编演，使陇东道情从实践上具备了较完整的舞台艺术规模，成为一个新生的戏曲剧种。同年年底定名为陇剧，并成立了甘肃省陇剧团。《枫洛池》晋京为国庆十周年献礼演出，被誉为"陇上奇葩"，接着巡回演出于大江南北十几个大城市，深受观众喜爱。

陇剧表演艺术讲求真实，重视从生活出发，以细腻的手法刻画人物的内心世界。陇剧表演动作吸收了部分皮影的侧身造型，如侍卫警戒多用大侧身剪影姿势，特别是啼哭动作更为别致，人物左袖垂射，右手以袖掩面，大侧身晃动腰肢，前俯后摇，抽搐而泣。舞台美术借鉴皮影镂空、彩绘、装饰手法及旦角高髻燕尾头饰等，形成独特风格。

陇剧的演唱方式比较自由，曲调流畅，节奏明快，近似说唱。在现代文化的强烈冲击之下，陇剧也陷入了濒临衰亡的困境，演出团体及演出场次锐减，传承链几乎中断，处于被大剧种和时尚文化所取代的困境，如不加关注与保护，势必越来越边缘化乃至面临衰滞、消失。国家非常重视非物质文化遗产的保护，2006 年 5 月 20 日，陇剧经国务院批准列入第一批国家级非物质文化遗产名录。

三、贤孝

凉州贤孝一般由盲艺人挟着三弦自弹自唱，其内容主要以孝顺老人、父母和歌颂忠义贤德之士的故事为主，劝人向善，教人做贤人、孝子，故而得名。凉州贤孝又称"凉州劝善书"，是流布于甘肃省武威市凉州区城乡及毗邻的古浪、民勤和金昌市永昌县部分地区的一种古老而悠久的民间曲艺说书形式。

历史上凉州贤孝的演唱者多为盲人，师徒相承，口传心授，用老百姓立场唱日常琐事，传说着官史之外的民间历史，是凉州贤孝民间正身的反映。运用凉州方言唱出来的贤孝，原味土气，悲天感地，极具人情，令人不禁黯然泪下。盲艺人因唱贤孝有德有能，虽不识字，却谙通经书，智慧如海，人们都敬称其为"瞎贤"、"瞎弦"、"瞎仙"。在中国的音乐史中不乏盲人的名字，最著名的莫过于以一曲《二泉映月》享誉世界的阿炳。凉州乡野的瞎贤们，有着阿炳类似的人生叹息，有着阿炳一样的德与艺。

作为凉州贤孝的主要载体，瞎贤走到哪里都是受人尊敬的，欺负瞎贤要受到别人的指责。一旦子女不孝或有霸道行为，村中德高望重的老人便请来瞎贤，有针对性地唱一场，加以教育。瞎贤从学艺到弹唱，其中的艰

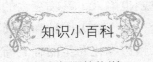

知识小百科

贤孝起源的传说

传说贤孝自秦始皇筑长城时就开始产生了。传说秦始皇为修长城广征全国青壮年，唯剩盲人不能效力。始皇认为这些人留无一用，便下令抓去以肉身添筑长城。这些事被人类始祖伏羲得知后，便装扮成盲艺人专为秦始皇演唱。在为其歌功颂德的同时，也娓娓道出了盲人生活的艰辛。后又点化盲人治好了皇后的怪病，终于使秦始皇改变了看法，赦免了盲人。后伏羲又给盲人教授了弹唱等技艺，封他们为高低不限的"师傅"，任意在人间献艺，行善营生。从此，盲人便开始了专业性的说唱生涯，并奉"三皇"为始祖。这种演唱形式后流传到武威，被民间艺人赋予浓郁的地方特色，自成一体，成为深受本地人喜爱的说唱曲种凉州贤孝。

辛一般人很难体会。以前，凉州贤孝是盲人的一种谋生手段。家中出个瞎子，父母是最为揪心的，生怕以后生活没有着落，所以总是想方设法延请高明的瞎弦师傅，教授贤孝，讨口饭吃。

当然，这样的机会不会光顾每一位盲人，因为能否有资格学习贤孝是需要经过一番严格考核的：第一关，一摸额二摸手三摸脚板，额宽手细脚板硬才能过关。额宽者头大者，意味着聪明；手细者有质感，弹三弦时上手很快；脚板硬才能走千家门，吃上百家饭。第二关考听力和悟性。师傅先唱一段，拜师者必须在一定时间内诵读熟背，然后放声亮嗓，看音质和音色如何。通过考核不容易，但过关也同时意味着要比常人付出更多努力。学习贤孝主要靠耳听心记，有时候，为避免外界打扰，瞎弦学艺需要呆在地窖中，记熟曲目才能出窖。

如今，与西部其它民间艺术和传统音乐一样，由于经济条件、传媒音像以及日益更新的思想观念等方面的影响，凉州贤孝也在遭遇现代生活方式的冲击，随着一些资料以及老艺人的逝去，那种传播氛围在消淡，凉州贤孝何去何从，不得而知。2005 年，凉州贤孝被国家文化部列为中国非物质文化遗产代表作。搞清凉州贤孝的来龙去脉，对于发掘、整理、继承、发展这一独特的民间艺术有着重要的意义，期待有志于此者去寻根探源，以寻求正确的答案。

四、影子腔

影子腔又称灯调、皮影戏、梅花腔，来源于甘肃西和、礼县一带，影子腔，最早诞生在 2000 年前的西汉，也称羊皮戏，俗称人头戏、影子戏。影子腔是在原民间皮影戏、木偶戏腔调的基础上，吸收当地民间小曲、鼓子、说唱等各种艺术形成。影子戏借鉴了秦腔、川剧的一些特点，逐步形成的。所用剧目多伴留了传统的"图"和"卷"，如《苦节图》《忠义图》《牧羊图》《孝廉卷》等。所用乐器也保留了民间说唱形式，如干鼓、皮鼓、渔鼓、简板、甩棒、小喷呐等乐器。

影子腔是甘肃古老的地方综合表演戏种，与木偶戏同为姊妹艺术，有异曲同工之妙，是一种"借灯显影，配声以演故事"的戏剧形式。甘肃的影子腔是国内较早成型的皮影戏之一，又称"影子戏"，影子腔主要流行在甘肃陇东、陇西、陇南一带，三地音乐唱腔不同，各具特色。陇东派影人较大，高约0.4米，最大的可达0.7米。唱腔以道情、秦腔、眉户、碗碗腔为主。陇南派影人较小，约0.3米左右，其影身细长，两臂纤巧，操作灵活。

影子腔的表演艺术讲究，演员既演唱，又挑线，一台戏只需7、8人即可，唱腔以秦腔、影子腔为主。皮影，不仅具有使用价值和欣赏价值，而且还具有很高的艺术价值和收藏价值。目前，甘肃民间原生态的皮影戏演出以素有"皮影之乡"美称的环县道情皮影为盛，全县现在还有90多个戏班，演出比较经常的仅有20个左右，并且也仅限于一些民间通俗宗教的仪式、庙会、婚丧嫁娶和政府汇演等场合。甘肃影子腔亟须政府与民间一起来保持和开发这一民俗瑰宝。

五、甘南藏戏

藏戏在甘南普遍流行，并传至四川的甘孜、阿坝一带以及青海黄南自治州等方言区，藏语称"南木特"，即"传记"之意，又因在拉卜楞寺首次演出，故又称"拉卜楞藏戏"。甘南藏戏诞生于甘南藏族自治州，是从藏族民间舞蹈、民歌、僧歌演变而来的。

1937年，嘉木样五世丹贝坚赞赴拉萨学法，对西藏藏戏产生极大兴趣。3年后返回拉卜楞寺，便编演具有甘南风格特点的藏戏。朗仓活佛是这一

倡导的积极参与者，他亲自编写了《松赞干布》和《冉玛拉》剧本，并担任导演。1946 年冬，甘南藏戏《松赞干布》在拉卜楞寺嘉木样宫殿的大院里首次演出，这便是甘南藏戏的雏形。几十年来，甘南藏戏在原有的基础上，博采了京剧、秦剧等剧之长，经过无数艺人的改革，使这一地方戏种得到了迅速发展。

甘南藏戏中的演员，除神怪角色戴有面具外，其余演员一律不戴面具，都经过化妆，其服装头饰讲究，道具新颖别致，这是和传统的"假面歌舞艺术"西藏藏戏的不同之处。甘南藏戏的演唱，系说唱形式，一般采用"连珠韵白"加诵唱，有些剧目还有念诵加"拜歌日"的说唱形式，具有表演细腻，韵白清晰，绘形绘色，唱腔时而高亢爽朗，时而低缓悲凉等特点。其演出色彩、风格、情趣等也与西藏戏有所不同。甘南藏戏的剧目，主要以民间的故事、佛经故事、历史故事、古典小说为原本改编而成，是甘肃藏族人民喜闻乐见的地方民族戏种。

第三节　庆阳民间艺术四绝

一、剪纸

堪称庆阳文化"四绝"之首的剪纸，是庆阳民间艺术的一朵奇葩。它构图简洁、明快、形象，显示着古拙质朴的风格，包含着粗犷奔放的高原气质。这些剪出来看似普普通通的纸花，却成了人们认识历史、探索古文化的瑰宝，是一个个活跃在纸上的生命。

庆阳剪纸分三大流派，即山后、前塬、山塬派。山后派造型古老，剪法粗放，内涵上沿袭了原始图腾纹样，保留了中国早期文字符号和阴阳哲学，从气质、感性、美学上曾引起学术界的关注；前塬派深受汉字文化影响，剪法造形极讲工稳、对称，线条流畅、细腻，内涵以历史传统和生活装饰图案为选题背景，剪法不太讲究图案纹饰的源流，因而现实主义品味较浓；山塬派是两者兼融，即粗中有细，细中有粗，块面与线条、虚与实相结合，将粗犷、奔放、夸张、古朴、细腻、工稳结合在一起，构像独特，生意盎然。

庆阳剪纸的题材极其广泛，日月星辰、山川花木、传说故事、猪羊鸡狗、鸭猫鼠兔，这些都是剪纸的原模和永恒的主题。庆阳剪纸的内容非常丰富，有表达吉祥喜庆、反映传统民俗的"二龙戏珠"、"喜鹊闹梅"；有反映生死繁衍和美好爱情生活的"鱼儿钻莲"、"蝴蝶恋花"；有祈求

< 庆阳剪纸

我爱甘肃

神兽消灾降福、保佑安康的"老虎下山"、"送疳娃娃";还有民间故事"刘海戏金蟾"、"唐僧取经"等。在长期的剪纸过程中,庆阳妇女们还掌握了丰富的表现手法和剪纸技巧,无论是色彩上还是剪法上甚至在线条的变化上,都创造出了自己的特色。

这些作品散发着浓郁的乡土气息,反映着黄土高原人们的生活风俗,渗透着庆阳妇女对劳动生活的热爱和对幸福未来的向往与追求的诚挚热情。

中国剪纸已列入世界文化遗产,庆阳剪纸独具一格。传统的庆阳剪纸,凝聚着中华民族几千年来的历史和文化。我国早期以作为生命象征的鹿为图腾的鹿头文化,蛇龙为图腾的原始文化,在庆阳的剪纸中还保留着它们的原始形态,"一剪之巧夺神工,美在民间永不朽"。

二、皮影

庆阳的皮影艺术,是与陇东道情并蒂绽放的"姊妹花",它与陇东道情共生共荣,根深叶茂。皮影艺术作为庆阳民间文化的主要形式之一,多运用于常见的皮影戏表演。然而,它的精美之处不仅表现在戏剧表演过程中,而且在于它本身就是一件绝妙的艺术佳品。庆阳皮影雕刻精细,风格古雅,兼收并蓄,庆阳民间剪纸、石刻、雕塑等艺术手法,创造了它与众不同的独特的艺术造型和风格。

庆阳皮影以透明度大、立体感强、刻工精细、造型诡秘且规范为特点,多以戏剧人物为主,兼以布景陈设、花草树木、神怪异兽,人物分解为身首各异,以动为结构体,既便于演出,又能欣赏,一草一木、一人一体,在刀法及着彩上都显现出色彩眩晕的效果,以雪花纹为最精致,所有刻工都镂现出中国远古文化的符号。

庆阳皮影的制作工艺极其考究，非牛皮而不用，而且对牛皮质量的要求也非常严格，要达到平整耐用，厚度适宜，润泽透明，柔而不软，硬而不脆。牛皮经过浸沧、框架、阴晾、刀刮等多道工序之后，才动手精心雕刻。人物、动物、景物的雕刻都曲直有序，阴阳、虚实、疏密、长短错落有致。皮影的着色也极其讲究，以大红、大绿、藤黄主色，兼用少许蓝色、黑色，而且点染时只用纯色。这样渲染而成的皮影色彩绚丽，色调和谐，人物栩栩如生，景物浑然天成。

　　庆阳皮影其人物高约 20 厘米左右，颈细长，手臂过膝，男子没有突出的胸肌，女子没有隆起的乳房，演出时，根据剧目需要，不换身却可改换头具。除影人外，内中还有雕刻的飞禽走兽，山石花卉，金殿宝帐，亭台楼阁，鱼鳖海怪，神仙鬼妖，案几桌凳等道具、布景，设计构图想象力丰富，刻制手法异常奇妙。

　　庆阳皮影的"用武之地"，俗称"亮子"，用长方形木框，绷上薄绵柔韧的白纸或布制成。庆阳皮影多用于陇东道情的表演，也有用于秦腔、眉户等西北地方剧种表演的。它作为陇东黄土高原民间艺术的一枝奇葩，受到了庆阳城乡人民的钟爱，也越来越受到国内外艺术家的关注，已成为

＜皮影戏

许多人收藏的艺术珍品。1987 年，环县道情皮影队应邀出访意大利期间，曾巡回世界名城罗马、米兰、威尼斯、佛罗伦萨等 13 个城市演出，轰动一时，名震域外。

三、香包

　　庆阳香包亦称香囊、佩帏、容臭，庆阳俗称"绌绌"或"耍货"。香包是庆阳的一种民间民俗物品。按照剪纸的图样，在丝绸布料上用彩色的线绣出各种各样的图案，然后缝制成不同的造型，内芯填充上丝棉、香料，就做成一种小巧玲珑、精致漂亮的刺绣品。这种刺绣品又叫荷包，庆阳民间称作耍活子。荷包据说形成于公元前 2300 多年，《黄帝内经》的作者歧伯曾携一药袋防疫驱瘟、禁蛇毒，开创"薰蒸法"。因歧伯生于庆阳，故此法在当地渐成习俗，流传不断。草药被称为"香草"，因而药袋便称为"香包"或"绌绌"。中华医学最早的经典之作《黄帝内经》中就有关于香包的记载。至明清两代，庆阳香包十分兴盛，成为人们佩戴或馈赠的佳品。至清代，香囊已成为爱情的信物了。而历史演化到近代，香包则多半用于民间端午节的赠品，主要功能是求吉祈福，驱恶避邪。

　　庆阳香包的图案和造型非常考究，具有丰富的意蕴：老虎狮子象征勇猛威武，祛除邪恶保平安；莲花、荷花、牡丹、梅花等喻意女性的坚贞甜美；用登梅的喜鹊、采花的蜜蜂隐喻男性；借葫芦、石榴多籽，盼望多子多福；借大枣、花生、桂圆、莲子之名，取其谐音，寓早（枣）生贵（桂）子；送给长寿老人的"耄耋童趣"，以猫和蝴蝶戏牡丹组合图案，喻意老年生活富有情趣；送给小孩的"福寿娃娃"，以憨态十足的娃娃为主体，周围环绕蝙蝠、桃子组图，盼望孩子健康平安。

心灵手巧的民间艺术家们，凭着一针一线一把剪刀，就把活灵活现的龙、凤、金鱼、小老虎、狮子、蛇、蟾蜍、壁虎、蜈蚣、蝎子等图案呈现在世人面前，

　　庆阳香包之所以有如此久远的历史，主要因为庆阳有着浓郁的农耕文化习俗。农耕文化一个最显著的特点是男耕女织。在生产力较为发展的前提下，女人们除完成织布缝衣外，还做一些工艺品、礼品用来点缀生活，联络感情，香包也就由此而生并广为流传。在庆阳，香包无处不在，随处可见。

　　香包是古时端午节人们必戴的装饰品，亦称香球、佩帏、香囊等，它或用五色丝线缠成，或用碎布缝制，内装雄黄、艾叶、熏草等香料。佩戴在服饰上不仅美观，其香气亦有防病强身、清爽神志之功效。

　　香包在庆阳的历史已有千百年。2001年文物工作者在华池县双塔寺塔体内发现了一个保存完好的金代香包。这个香包通体由黄褐色织绵缝制，呈一边平直的椭圆型，刺有变形梅花、荷花及缠枝花纹饰。据考证，这只香包距今至少有800多年，但仍色泽艳丽，图案如新，被美誉为"千岁香包"，这是迄今我国发现的最早的香包。"千岁香包"的出现，证明香包当时已在庆阳很盛行了。"千岁香包"是作为教徒心中的珍宝，献给佛祖

"千岁"香包 >

的。后人有诗赞曰："千岁香囊藏佛塔，万针刺就海棠花。巧手绣出花藏界，诚心献给净土刹。"

四、陇绣

　　甘肃各地的刺绣以庆阳刺绣为首称为"陇绣"。"陇绣"是妇女的又一传统技艺，也是她们充分展示自己心灵手巧的另一片天地。源远流长的民间刺绣遍及甘肃庆阳地区农村家庭，其刺绣艺术千百年来与陇东子民生活息息相关。

　　刺绣可以说散布在庆阳人民生活的各个角落，孩子过"满月"，刺绣品就更多了。亲戚朋友，左邻右舍向孩子贺喜，都要拿自己刺绣的东西做礼品，用虎头枕、有红花绿叶的荷花帽、描龙绣凤的花裹肚等等把孩子从

陇秀 >

头到脚打扮起来，还有狮子枕、虎头枕、金鱼枕、龙枕、凤枕等等，这些礼品要摆在喜桌上，让大家观赏、评论。

娶媳嫁女更是庆阳刺绣艺术品的大展览，庆阳民歌唱到："八岁学针线，十三进绣房。进入绣房绣鸳鸯，百样故事都绣上。"女孩七八岁捉针穿线，十岁左右开始扎鞋垫、袜垫，是练针功的第一关。绣下的针脚要"左看是行行，右看是样样"。长到十五六岁，开始在裹肚、枕头、鞋面子上刺花绣画，为自己做嫁衣裳。临出嫁前，姑娘浑身上下刺绣裹体，打扮得花枝招展了。

甘肃民间刺绣自古丝绸之路开通后，千百年来不断创新，把中国四大名绣与十字绣及藏族、蒙古簇、维族等民间刺绣相结合，逐渐形成了自己独特的风格和完整的艺术体系，有浓郁的地方特色和强烈的民族气派。庆阳刺绣凝聚着庆阳市劳动妇女的智慧和心血，展示了她们巧夺天工的艺术创造力。它以古朴、敦厚、粗犷又带历史蛮荒之风和原始生命的壮美的艺术风格，与中国江南秀丽细腻的苏绣、湘绣相映成趣。

第四节　临夏雕刻

甘肃临夏砖雕是甘肃艺术的典型代表，因临夏古名河州，因此这种艺术又称"河州砖雕"。从出土的宋金两代墓葬中，可以看到临夏砖雕有着悠久的历史。随着时间的推移，临夏砖雕艺术逐渐形成了以回族为主，融合其他民族艺术成分的独特风格。临夏砖雕的装饰性更强，题材广泛，在风格上显得比徽州和苏州等南方砖雕更浑厚粗犷。在手法上，临夏砖雕主要分为"捏活"和"刻活"，前者是先将黏土捏或压制成所需形状再入窑

我爱甘肃

临夏葫芦 >

烧制，形象一般较为简单，多用于房舍屋脊之上，题材也多是常见的龙虎花鸟等；后者则是在烧制好的青砖上雕刻图案，工艺复杂，对工匠技术要求高，成品也更具审美价值。临夏砖雕在许多地方显露出汉文化的深深影响，但伊斯兰艺术特色更是无处不在，有着浓郁的中亚风情，那种丰满素雅的风格在中国砖雕中独树一帜。

葫芦雕刻艺术融入更多传统文化元素。临夏葫芦以小巧玲珑、精致典雅的雕刻技艺扬名，它集书法、绘画、篆刻为一体，将人物、山水、花卉、飞禽走兽镂刻其上，以奇妙的构思，精美的图案，娴熟的刀法，在方寸之间尽显大千世界。

第五节　兰州皮筏

　　皮筏是用羊牛皮扎制成的筏子，为黄河沿岸的民间保留下来的一种古老的摆渡工具。人们在屠宰时，剥下大个羊只的皮毛或整张牛皮，用盐水脱毛后以菜油涂抹四肢和脖项处，使之松软，再用细绳扎成袋状，留一小孔吹足气后封孔，以木板条将数个皮袋串绑起来，皮筏即告做成。因皮筏制做简易，成本低廉，在河道上漂流时便于载运而在民间广为使用。我国以皮筏为渡由来已久，自汉唐以来，上自青海，下自山东，黄河沿岸使用皮筏，经久不衰。兰州何时流行皮筏，因缺乏史载而难以确定。据记载，清康熙十四年（公元 1675 年）二月，据守兰州的陕西提督王辅臣叛乱，西宁总兵官王进宝奉命讨伐时，曾在张家河湾拆民房，以木料结革囊夜渡黄河，大破新城和皋兰龙尾山。六月，王辅臣兵也造筏百余，企图渡河以逃，王进宝率军沿河邀击，迫使王辅臣兵投降。可见，至少在 320 多年前，兰州就大量使用皮筏以渡了。

　　皮筏在古代主要用于青海、兰州至包头之间的长途水上贩运。筏子有大有小，最大的羊皮筏子由 600 多只羊皮袋扎成，长 22 米，宽 7 米，前后备置 3 把桨，每桨由 2 人操纵，载重可达 20 — 30 吨，晓行夜宿，日行 200 多公里从兰州顺流而下，十一二天即可到达包头，小皮筏由 10 多只羊皮袋扎成，便于短途运输。牛皮筏一般由 90 个牛皮袋扎成，可载货 40000 斤。因筏子大如巨舟，在滔滔黄河上漂行，气势壮观，当地有"羊皮筏子赛军舰"之说。20 世纪 50 年代之前，在铁路尚未开通，公路交通又不便利的黄河上游地区，皮筏一直是重要的运输工具。"吹牛皮，渡黄河"是兰州牛皮筏子另外一个新奇而又刺激的用处，将渡河者装入牛皮袋中，充气扎口后，

我爱甘肃

艄公爬在牛皮袋上，一手抓袋，一手划水，只十几分钟便可将渡客送至黄河对岸，这种摆渡方式恐怕是闻所未闻。

以皮筏为渡需要高超的技巧。一要心细，二要胆大。上筏时要轻松自如，绝不可猛劲上跳。坐在筏上要紧抓木杆或绳索，遇浪可不能惊慌乱动，保持平衡自然会有惊无险。筏子往往由谙熟水性、经验老到的"峡把式"领航掌桨，任凭风吹浪打，胜似闲庭散步。上世纪50年代前，兰州金城关、骚泥泉一带的回民多从事皮筏运业，多达50多户，400多人，有60多条大筏，每年能外运羊毛250多万公斤。

第六节　兰州太平鼓

兰州太平鼓多由青壮年男子表演，少则一二十人，多则三四十人。兰州的太平鼓呈圆筒形，鼓帮以木料制成，通体呈完整的圆柱形，两面都蒙着厚实的牛皮，长约70厘米，直径约45厘米。兰州太平鼓现已成为每年春节社火表演和重大节庆活动的重要演出内容。

追溯兰州太平鼓的历史，至少有600多年了。早在西汉元狩二年，汉武帝开辟西域建立丝绸之路，东西文化积聚交汇。这时的鼓除用于战争鼓舞士气外，大多用以祭祀、舞蹈、音乐。有民间传说：明朝初年，朱元璋令徐达等将西征，收复了庆阳和临洮后一举将兰州城攻下。惟有黄河北王保保城有元军坚守，久攻不下。不久逢元宵节，徐达想了个计策，命令部队制作了一批又长又粗的鼓，把兵器藏入鼓中，然后扮成社火队，混入城内，里应外合，收复城池。为了庆祝胜利，愿天下太平，即取此鼓名为太平鼓。由于此事发生在春节期间，人们就约定俗成了在春节社火表演中，太平鼓是不可或缺的表演项目。太平鼓成为人们渴望和平、向往天下太平的情感表达方式。实际上，兰州太平鼓原为"黑漆面图饰"。老太平鼓的鼓身纹饰的确为黑底金色或黑底绿色狮子滚绣球，老鼓为松木所制，鼓面为太极图，偶有花鸟或牡丹富贵图。老鼓的制作非常讲究，都是纯手工制作。

兰州太平鼓的鼓身色彩是有讲究的，也是有其特定文化内涵的，黑色代表"五行"金木水火土中的"水"，兰州地处西北干旱地区，意为祈求天降"雨水"。"文革"期间，兰州太平鼓被涂上"革命色彩"后，一直延续到现在，让人们误认为兰州太平鼓本身为"红色漆面"。

兰州鼓子形成并主要流行于甘肃兰州地区，广受听众欢迎的节目有"闺情曲"和"英雄曲"两类，前者如《别后心伤》、《拷红》、《莺莺饯行》、《独占花魁》等，后者如《武松打虎》、《林冲夜奔》、《延庆打擂》等，也有一些反映消极出世思想的作品，以《红尘参透》、《渔樵问答》等最为典型。

第八节　民间习俗

一、春节习俗

农历十二月初八的"腊八节"，武威习俗是日五更煮五色豆粥，全家食用腊八粥。腊八日夜晚，也有垒火堆放麦草火的习俗。

我爱甘肃

除夕俗称"年关"，腊月三十（有的年份是二十九），是农历一年的最后一天。是日午后，家家户户打扫庭院，整理室内外环境，接着贴春联、门神、半帘子，挂黄钱，焚香祭祖，燃放鞭炮，表示除旧。晚上，家家吃青粉烩菜，叫"装仓"，表示全家团聚，人寿年丰。全家老幼饱食后，还要剩余一些，意在"生活富裕，年年有余"。是夜，全家人彻底不眠，叫"熬年"或"守岁"。小辈给长辈磕头辞岁，长辈要给小辈发"福钱"，也叫"压岁钱"。

春节俗称过年。正月初一凌晨，合家老幼均着新装，齐集堂屋前，设供上香，燃放爆竹，接迎神灵，祭奠祖先，行"迎神纳福"之礼，接着小辈给长辈拜年。之后，全家吃团圆饭（水饺），新的一年开始。

正月十五为上元节，亦称元宵节（又称灯会）。旧时，金塔寺等地有黄河灯会，情景亦十分壮观。建国后，历年元宵节的灯会胜似往昔。节日

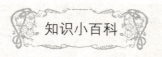

知识小百科

元宵灯会，据说是从汉朝留下来的。西汉时，文帝做了一个梦，梦见玉帝命火德星君在正月十五火烧京城。文帝非常恐慌，便召来群臣计议，大臣东方朔献计说，可以向火德星君求告说情，免此一难。正月十五日，火德星君果然驾临京城。文帝率群臣和京城百姓拜伏恭迎，哀告火德星君看在万千黎民的份上，不要火烧京城。火德星君不忍生灵涂炭，无奈圣命在身，不敢违犯天条。正左右为难之际，东方朔又献一计。当夜，京城长安内外，从皇宫到百姓庭院，都依东方朔之计张灯燃炬，一片通明，与白昼无异。火光直透云霄，火德星君见那景象果如天火降临一般，料得足以瞒过玉帝，便回天庭复命了。此后，每年正月十五，京城便燃灯张炬，以示纪念，且用糯米粉团成丸子，状似珍珠，俗称"元宵"，表面上是敬火德星君，实际上是想用糯米糕粘住他的牙齿让他少说话。

之前，企事业职工，纷纷结扎彩门，悬挂花灯，有花卉灯、动物灯、八仙过海灯、西游记故事灯，争奇斗艳，气象万千。有爱好者在灯内装置微型电动机，胜似走马灯。最引人注目的是腾云驾雾的金龙灯，足有10多米长。是夜，城内和城郊居民，蜂拥而至，万头攒动，人流如潮。武威习俗，观灯时必从龙灯下钻过，祈求合家平安，万字如意，又有说法龙是吉祥物，钻了龙灯，就会人丁兴旺。

农村灯会别有情趣，彩灯古朴典雅，乡土气息浓郁。有用玉米芯制作的火炬灯，也有用山药蛋、萝卜头制作的彩灯。墙头上、马棚下，处处有灯，灯光通明。据史籍记载：武威灯会之盛况，自唐已有，并闻名于长安。故有唐玄宗与道士叶法善夜游凉州灯会流连忘返的传说。武威元宵灯会，不论新俗、旧俗，都要举办3天，即正月十四、十五、十六。

二、武威社火

武威的民间社火队独具特色，明显地保留着古典西凉乐舞的遗风。其结构，一般分为七个部分。第一部分为社火队的前导部分。打头的是"春官"一般人都称为"春官老爷"。"春官老爷"是社火队的总领队，担负着统领指挥整个社火队的重任。按照民间的传统习俗，"春官老爷"必须由当地年高德劭者担任。闹社火前，社火会（民间又称元宵会）的头一件大事就是推选"春官"，然后将大红请帖郑重其事地送到入选人家中。待到社火开闹的当天，社火会的人敲锣打鼓，燃放炮仗，前往迎接。"春官老爷"装扮齐整，欣然就位，率领社火队，红红火火，走乡串户，闹将开来。"春官老爷"的打扮还有一定的讲究，古时候"春官老爷"的服装是朝廷命官打扮，头戴乌纱帽，身穿红蟒袍，还坐一顶四人抬的官轿。清朝时候则穿

我爱甘肃

满清官员服装，坐七品官轿；民国时穿长袍马褂，头戴礼帽，架一副茶色墨镜，手执一把折扇或鹅毛扇。官轿前排列着全套仪仗执事，左右护卫手执写有"回避"、"肃静"、"国泰民安"、"风调雨顺"字样的虎头牌。另外还有道锣、探马、报子、门子、衙役等一行人前护后卫，俨然一派官员出行的威仪。后来虽然逐渐有所裁减，如轿子、马匹及仪仗执事等都不再出现了，但道锣、探马、报子、门子等侍从左右的人员依然如故，"春官"仍在社火队里享有绝对的权威。

第二部分是鼓乐队，一般由大锣、大铙、大拔、铰子、长号、唢呐等组成。社火队行进表演时，配以锣鼓音乐。表演的人们按锣鼓音乐的节奏扭摆踏步，左右摇晃，显得十分热闹和谐。

第三部分是天公和天母。天公是一个老农，天母是一个农妇。天公扛着锄头，拿着木锨；天母提着篮子，拿着笤帚。民间传说天公与天母分别代表着"耕作之神"，象征着勤劳与智慧。他们行经之地能够预祝来年风调雨顺，五谷丰登。天公、天母的表演动作十分逼真生动，天公挥锄耕作，握锨扬场；天母撒种扫地，送茶送饭，同时二人边唱边舞，真个是"夫唱妇随"。

第四部如愿腰鼓、蜡花队。腰鼓队也叫鼓子队，打鼓人被称为鼓子匠。鼓子匠一般为古代武士打扮，身穿黑色双排扣武士装，足蹬长筒靴，头戴黑色英雄巾，上扎一朵红绒花；背一面羊皮鼓，双手执鼓锤，边行进边打鼓表演，动作粗犷有力，人数一般为 8 至 16 人甚至更多。蜡花队人数与鼓子匠相同，身穿彩色女袄裙，一手拿一面小手锣，一手执锣锤，锣锤上系一条长长的彩绸，敲起小锣，舞姿翩翩，彩绸飘飘，十分动人。队前有傻公子和丑婆子领头表演。傻公子和丑婆子的表演和化妆都非常滑稽可笑，傻公子一脸傻相，憨态可掬；丑婆子丑态百出，令人捧腹。他们相对扭舞打诨，为社火队增添了许多"笑料"。

第五部分是和尚队，也叫大头队。和尚队一般穿僧衣僧帽，也有戴面具的。金刚穿武士装，戴头盔，手拿降魔杵柠、钢鞭、画戟等武器，人数一般为 8 至 l0 余人。表演时和尚模仿十八罗汉各种神态的舞蹈，金刚作武术表演。

第六部分是百色队。这是社火队里最随便也是内容最丰富的一队。这一队由三教九流、七十二各色人物组成、甚至有的扮成各类戏剧故事，如唐僧取经、白蛇传、桃园结义等。这一队的人数也最多，大约在五六十人至七八十人不等。表演时在紧锣密鼓声中跑大场，有四门斗敌、八阵图、九穿梭、十面埋伏、八角茴香、蒜瓣子、双龙会等很多花样，使观者眼花缭乱，赞叹不已。

最后一个是贯穿全队、活跃全局的人物，即所谓的"膏药匠"。他游方郎中打扮，一手执蝇拂，一手摇串铃。他的主要职责是随时随地制止乱挤乱闹的人群，协调指挥各队表演，起着维护秩序和照料演出的作用。

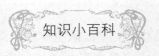

知识小百科

据说，膏药是药物中的万应灵药，又名八面风。膏药匠又是古代医生的代称。因此，这个人物既有联络社火全局的职能，又象征着驱瘟散疫、促进健康的良好祝愿。关于社火队的形成，民间还有一个古老的传说。据说，春秋战国时期，楚庄王与齐国开战，被围困在一座城里，突围不得。于是趁过年的时候，由他自己装扮成"春官老爷"，随从侍卫扮成执事跟班衙役，御林军扮成鼓子匠，三宫六院、宫城彩女扮成蜡花女，文臣扮成十八罗汉，武将扮成八大金刚，后随各色臣民百姓，最后由御医掠眸，他们敲锣打鼓出城，引得围城敌军齐来观看热闹，楚庄王才得以突围。从此，楚庄王为了纪念这次突围，每年春节就按照以上规矩闹起社火来了。这也就是社火队、戏曲班社供奉楚庄王为祖师爷的来历。

三、婚嫁习俗"姑娘追"

在辽阔的阿克塞草原上，人们经常可以看到剽悍的小伙子在前面飞驰，美丽的姑娘策马扬鞭在后面紧追不舍。这就是哈萨克族牧民特有的青年男女骑术比赛"姑娘追"。这种活动虽是一项文娱活动，但它往往会促成青年男女的爱情。

甘肃省的哈萨克族是上个世纪 30 年代从新疆迁来的，现主要居住在河西走廊西端的阿克塞哈萨克族自治县，游牧于祁连山下的哈萨克族保留了本民族传统的生活方式和习俗风情，"姑娘追"便是其中一项，它在哈萨克语中叫"克孜库瓦尔"。

"姑娘追"开始时，一般由一位长者发出号令，先由青年男女中的一方发出赛马邀请而后两人并肩骑马向指定的地点缓步并发。途中有的小伙调皮地拉住姑娘的马头，大兜圈子，用尽心计施展自己高明的骑术；有的不停地讲着逗趣、开心的俏皮话，向姑娘求爱。然而，姑娘们并不生气，只是瞅准机会摆脱纠缠，纵马驰向终点。但是，一旦从终点往回折返，姑娘们马上转身举鞭追赶小伙，以报复刚才受到的调笑，小伙子则催马疾驰，飞奔逃窜，左躲右闪地避开姑娘飞来的马鞭。如果你发现哪个姑娘追上了小伙，并不舍得抽打，只是高高地举起鞭子，在小伙子的头上和身边虚晃空绕，或为遮人耳目，高高举起，轻轻落下，那就是姑娘看上了小伙子，或者双方早就是意中人了。如果小伙子刚才言语轻佻，惹恼了姑娘，这时姑娘就会用鞭子狠狠报复一番，直打得小伙子抱头鼠窜，狼狈不堪。这时周围的男女观众不仅会笑得前仰后合，还呐喊助威，大叫"打打打！"

第九节　民间传说

一、简狄生契

　　帝喾是中国古代五帝之一，简狄是帝喾的次妃，一年帝喾带着简狄来
到有的部族巡视。一天午饭后，简狄和妹妹建疵悄悄来到弱水河畔，只见
艳阳高照，芳草如茵，荷花映日，莲叶田田。蜂蝶在花间飞舞，小鸟在枝
头啾啾，简狄简直被这眼前的景色迷住了，随即宽衣解带，浸润于温凉适
度的弱水中。忽然，一只燕子嘤嘤嗞嗞，时而在简狄头上盘旋，时而落在
石尖上跳跃。红嘴褐羽，小巧可爱的燕子，似乎也喜欢冰肌玉肤的简狄，
再次在她头顶盘旋飞舞，同时坠下一粒晶莹玲珑的燕卵。简狄连忙伸手接
住，细细把玩，越看越喜欢，于是放入嘴中，不料燕卵一咕噜就滚到肚中，
从此简狄有了身孕。后简狄生子，那就是契。

二、端午插艾

　　相传，唐代黄巢扯旗造反，杀贪官污吏，斩土豪劣绅。恶人闻风而逃。
农历五月初四这一天，黄巢路遇一逃难妇女，背女携子，拼命奔跑，男孩

实在走不动了，就坐在地上嚎哭。妇人见兵荒马乱，自己腹虚体弱，咬了咬牙，丢下男孩，背着女孩继续向前跑去。黄巢见状，顿生疑怒：妇人如此狠心，想必男孩不是亲生，真是可恨的继母，于是就策马追上。妇人惊慌万分，连忙下跪磕头求饶。黄巢喝问："你为何扔下年幼的孩子，只顾母女逃命？"妇女泪如泉涌，竟不知说什么好。这时，男孩追来哭着喊道"：妈妈！"妇人颤抖着双手将孩子搂在怀里。怀中的女孩也哭着说："姊姊，咱们快跑吧！"黄巢一听，顿时愣了，一追问，才知道男孩是妇人亲生的，女孩是邻居大哥的独女，因为父母被官府逼死，为了给孩子找条生路，将她收养。黄巢听后，很受感动，并掏些碎银交给妇人，一边安慰妇人，一边给她讲了杀富济贫的条令，让妇人转告乡亲们，穷人门上插艾枝，义军自会保护，真正的坏人，义军绝对不会放过。第二天正是五月初五，义军进村后，专拣门上没插艾枝的恶人杀。后来，人们为纪念黄巢杀富济贫，每年五月初五在门上插艾枝，相沿成俗。

三、摆针线

甘浚山上，有一位美丽的姑娘，聪明伶俐，心灵手巧，自小就看着妈妈纺线织布，渐渐地，她学会捻线，且捻的线又细又匀，声名远播四方，这样，求婚的男子接二连三。可是，不论谁家男子求婚，不仅婚事不成，反而死去。姑娘早已过了婚嫁之期，还是未能如愿。媒婆来催，亲友来劝，姑娘总是不梳妆，懒打扮，只是在屋里落泪，父母心急如焚。一天，又有媒人前来，姑娘还是不答应。母亲气急了，骂道"你这个嫁城隍爷的！"话音刚落，忽然，一阵黄风黑沙出来，姑娘不见了。人们等着，不见姑娘回来，院里院外四处寻找，不见姑娘踪影。突然，发现了一根线从后门拖到村外。人们拿起线头，边绕边走，边绕边走，最后绕到了城隍庙的寝殿，麻线刚好完了。人们顿悟，她真是嫁给隍城爷了。这天，正是农历三月初三。于是，每年三月三这天，甘浚一带的妇女总到隍城庙内"摆针线"，以示纪念，也是求城隍奶奶保佑。

四、穆天子与月氏王柏天

公元前989年，周穆王乘八匹神骏之驹拉的王驾开始西巡，于初秋进入月氏人的王府昭武城。月氏王柏天用九色丝帛编织的花束和光滑明亮的和田玉璧迎献周穆王的到来。整个昭武城举办了盛大的欢迎仪式，全城百姓载歌载舞，欢庆的鼓号声震数里。黑夜昭武城到处张灯结彩，月氏少女头顶油灯，跳起顶灯舞，月氏青年抚筝献曲，比赛射箭，欢迎穆天子西巡月氏。次日，月氏王陪穆天子在大湖湾（今鸭暖乡张湾村西北）的草地上打猎，并在黑河旁钓鱼。之后，周穆王在野猪湾处的黑河旁设坛祭拜黑河河神，用刻有"风调雨顺"字样的玉璧起祭，用上等的黄牛九头、白羊九只、黑马九匹、花猪九口沉于黑河，取保佑中华三十六州之寓意。祭河后，穆天子继续西行，月氏王柏天派兵300护送天子鸾驾西行，并赠送骏马9匹、珠宝玉器无数，以敬天子。

五、老子与怀柔

"黑河烟林"是旧时临泽十二景之一，它地跨蓼泉、平川两地，坐落在平川黑河大桥北岸的东南。彩虹似的黑河大桥时隐时现在绿荫雾岚中，更显雄伟和壮美。身临其境，宛如行走在绿色的云海中令人心旷神怡，思

绪翩翩。早在周秦时期,平川的先民就以智慧和勤劳而著称。相传,老子骑青牛巧遇黑河大水冲刷黑河北岸,良田被淹没,房屋被冲毁,百姓迫于无奈,设坛祭拜河神,正逢老子骑青牛驾彩云路过此地,便抛下一黄缦,"要拒水患,置石人四尊于岸",后骑牛在云海中飘去,瞬间杳无踪影。

　　山不在高有仙则灵,水不在深有龙则灵。黑河烟林所属的怀柔古城因道教创始人老子的指点,更是仙气缭绕,一片幽静。无论冬夏,时有祥云雾岚笼罩,陡添几分神秘。

　　清代诗人任万年游览黑河烟林时写到:"郭外春晴水注湾,青葱林木映南山。丝垂羽柳翻平岸,风过枯梅绽小峦。俯濯清泉贪暖浪,遥看叠障挂云间。钟声朗朗闻晨寺,钓罢携鱼缓步还。"黑河烟林上的平川水库,湛蓝如洗的湖水波光粼粼,成群的野麻鸭、白天鹅、鸬鹚嬉戏在湖面,堤坝上亭台水阁,杨柳古柏参天。蓝天、帆船、白云、杨柳相映相辉,水天一色,天人合一,一派原始纯朴的自然风光令人留恋,令人回味无穷。

六、老子出关

　　相传,东周时期,道教创始人老子,应西天瑶池王母娘娘之邀,骑青牛乘彩云向西云游,一日到达张掖地界,云彩中老子看弱水如带,平畴万里,绿野低垂,陡添几分游兴。老子云游到东大山时,天上赤霞流金溢彩,地上松柏森森,仙雾缭绕,云蒸霞瑞,百鸟啾鸣,索性骑牛着地,只见松涛仙雾,银雪窦泉,溪流顺涧而淌,绿荫丛中一座庄严古刹在祥云瑞气中时隐时现,古刹中一白发婆婆端坐在古刹正堂,坐北面南而打坐诵经,便知这里是骊山老母的修持之所。老子上前施礼后,便同骊山老母边吃茶边谈经说法,一时间东山古刹蓬荜生辉,光照千里。骊山老母设宴款待老子,老子便在山中逗留3日,之后乘着酒兴辞别骊山老母,骑青牛驾彩云向西过赤涂关（今板桥镇明沙堡以东昔喇渠口附近），沿弱水经怀柔（今临泽平川镇）向西逶迤而行，不日抵达西天瑶池，履约听经说法。清代诗人任万年在诗咏中称：

多年古寺创山隈，松柏葱笼傍雪开。

挂壁晴霞遮梵刹，漫天晓露湿苍苔。

流泉滚滚穿花径，野树离离护石台。

老子谈经宫在顶，四时唯见瑞云来。

七、张三丰与聚丰塔

在临倪公路的下营村处，有一座气势恢宏、雕龙画狮的庄严土塔，它就是人们常说的聚丰塔。

说起这聚丰塔，还有一个非常动人的故事。相传太白金星、山神、土地扶犁开辟黑河时，用来做犁的大树上有一个枝叉没有削光，在开出黑河的同时，这个枝叉顺带在它的左侧又划开了条河，这就是今天的梨园河。梨园河从祁连深处飘来，最后经野猪湾（今鸭暖乡野沟湾村）注入黑河，这地方恰好是龙王追来的地方。说来也巧，就在龙王追到此地时，这个叉又正好被磨光，梨园河最终融汇到黑河之中。

这条河经这杈桠一犁刮，乱石顺流而下，河底越流越深，到了无人越过的天河一样的境地。一次南海观世音菩萨因参加西王母瑶池盛会路过梨园河。见此河深不见底，便责问龙王，龙王说没什么好办法，观音菩萨便顺手丢下几把金砂，才镇住了河底，河水才趋于平缓，河床逐渐升高。今天人们在梨园河淘的金砂，就是观音菩萨抛洒在河中的镇河金砂。

河虽被镇住，倪家营这一带的风水却因这条河顺水而下，这里一直人丁稀少，六畜不旺，五谷歉收。这里的众人不知请了多少阴阳先生都无济

我爱甘肃

于事，只有枉费了许多银两。这样就一直沿续到元末明初，道教传人张三丰云游甘州，路过倪家营歇晌，看这里庄户零星，人丁稀少，但土地却无比宽阔，心生疑惑，问到家弟子是何缘故。弟子们一五一十如实做答。听了此言，张三丰的济世之心油然而生。吃完午饭，他叫众人陪他出去走上两圈，从倪家营走到汪家墩，又从汪家墩走到红山湾。张三丰健步如飞，众人已累得气喘吁吁，这一转从东路转进山，又从西路转到下营这地方，这里一位老者正赶着几只羊，手里的放羊棒拄在地上。张三丰眼睛一亮，叫众人停，这放羊老汉见来了这么多的人，起身要走，但放羊棒却似长在地上怎么也移不动，原来张三丰找准了风水的症结，怕老者将棒移动，便使出定身术，使这只放羊棒不得移动。这放羊的沟洼地势平缓，虽略呈南陡北缓势，却东西平稳。张三丰给众人交代了一遍道："就以放羊棒为中轴，建一座塔高九丈的土塔，雕龙描狮，配上百兽图案的瓦当，吊上风铃，保你这里人丁旺，五谷丰，人寿康。"

众人依照张三丰的吩咐，请来能工巧匠，用半年时间修建了土塔一座，说来也真灵性，这一年倪家营人口大增，六畜兴旺五谷丰收，风调雨顺。众人赞叹不已，为纪念张三丰的恩德，经一位断文识字的先生指点，给这塔起名"聚丰塔"。

八、杨家坟园的传说

地处祁连山下的新华镇西柳沟村西的山坡上，有一座高大的坟园，俗称杨家坟园。

相传北宋年间，杨家女将奉命征西夏，与西夏甘州守兵在此地展开血战，后因粮草不济，兵士水土不服，而遭重创。杨家女将要从威狄堡率兵突围，路遇西夏回回骑兵部落，被回回兵全歼于此。当地百姓闻念杨家一门忠烈，将杨家女将埋葬于此处，并立石碑以昭示后人纪念。后因修渠筑路等原因石碑遗失，但杨家坟园却一直矗立在祁连山下的山坡滩上，历经山洪冲刷仍旧挺立在。

又传，杨家坟又称回回坟，当地老百姓相传回回兵知道被打死的是杨家女将后，修坟将其埋葬于此。

九、板桥的传说

很久以前，板桥这个地方叫"闪桥"而不是板桥。

传说汉武帝时期，一次汉军被追兵逼到了黑河边上，滔滔黑河水挡住了退路。这时仙姑菩萨显灵，拔头上银钗一划，天上白光闪烁，河面上出现一座彩虹般的天桥，闪闪发亮，一直到汉军渡完河，天桥才慢慢消失。汉军将领和当地百姓为纪念仙姑菩萨的恩德，便将这里叫做闪桥。

后来，当地百姓为了实现仙姑菩萨的愿望，有人的出力，有钱的出钱，在黑河上修了一座木板桥，自始以来一直被阻隔南北交通的黑河，从此有了第一座桥，桥修成后人们还一直叫这座桥为"闪桥"，后来人们觉得叫"闪桥"拗口，便叫成了板桥。

从此，板桥这个地名一直沿用至今。

十、仙姑庙的传说

在距临泽县城以北约30公里的板桥乡东柳村有一座很有名气的老庙，叫"仙姑庙"。传说汉朝初期，昭武张掖北门上有一个姓何的老汉，老伴

早已过世，身旁只有一个相依为命的女儿。有一年，黑河发大水，冲毁了许多房屋田地不说，还淹死了许多人，从此这个姑娘便常常跑到黑河边呆呆地傻想，有时从天亮一直想到满天星光，时间长了，心中便萌发了一个坚强的信念——修桥。老汉知道了女儿的心患，便和女儿一起向路上的行人们游说，并将自己家所有的财产变卖当做修桥的第一笔筹款。何家父女的行动感动了乡邻和来往的路人，大家纷纷拿出自己的钱，捐给何家姑娘，不久何家父女便募集了一大笔钱，便决定动工修桥。开工这天，黑河两岸的人们纷纷拉着树木、石块来修桥，真是有钱的出钱，有力的出力，不到半年功夫，桥的主体已基本修成，再过几天，桥就修成了，人们干得更加起劲了。谁知天有不测风云，就在大桥即将合陇时，黑河又涨了一次大水，桥被冲毁了，姑娘在河边哭干了眼泪，便跳进了浊浪连天的黑河。说来也怪，姑娘投河后，咆哮的河水渐渐变小了，两岸的乡亲们哭叫着将她掩埋了，并为她修了座庙。

汉武帝元狩二年，骠骑将军霍去病带兵在河西走廊与匈奴作战。正值六月的天气，黑河又一次涨水，霍去病的队伍被困在黑河北岸。匈奴追兵已到，情况万分危险。就在这时，忽见一白衣妇人来到河边，将头上的银簪拔下，向河面上一指，河上形成了一个晶莹的冰桥。霍去病跪下便拜，然后领兵过了河。匈奴追兵赶来，河上的冰桥不见了。匈奴王听说仙姑菩萨显灵，让汉军过了河，一怒之下放火烧了仙姑庙。匈奴返回时，马和骆驼脖子上都缠着蛇蝎，埋锅做饭时，锅内、柴火、灶旁都是蛇蝎，吓得匈奴呼爹叫娘。匈奴王烧香许愿，愿重修庙宇，再塑金身，这些蛇蝎才慢悠悠地离去。

再说霍去病得胜回朝后，便将仙姑菩萨的功德向汉武帝如实回奏，并请求加封。武帝便赐"平天仙姑"金匾一块，追封何仙姑为"平天仙姑"。

从此，每逢四月初八，西北各省都有许多香客前来朝拜，仙姑庙的名声越来越大。这真是：

弱女惠及梓桑福，功昭日月垂千古。

有志何须许眉郎，女杰伟绩惊天地。

十一、关于甘州石的传说

　　甘州石，又叫"甘酒石""育婴石""催生石"。甘州石处于距黄羊川约 16 公里的古浪峡中，隔河与铁柜山相望。其色青白，形状凹凸不平，露出地面约 3 米，周长约 19 米（露出地面的），在它上面刻有"甘州石"，还有几个深槽，相传是育龄妇女摸石所致。

　　传说此石是甘州（古张掖）的石，是女娲补天剩的一颗，曾经堵过黑河的洪水，救了甘州人。原来昌松县洪池谷连着黄羊川，黄羊川地接石门峡，秋季洪水泛滥，造成灾害，春夏又缺水，人们便盼望着堵住石门峡，拦蓄洪水，造福人类。太白金星路过昌松，闻知人们的心声，就去找石块，恰巧碰到女娲补天所剩的那块石头，就将它带回来截石门峡的水。

　　回来刚到洪池谷边，被一个甘州道士发现了，他惊讶地说："这是我们甘州的神圣的石头，怎会到这里来了？"话音未落，石头就不动了。

　　甘州石又叫"育婴石"，传说昌松地方的妇女不孕不育，造成人烟稀少，那时老百姓特别迷信，所以到处求神拜，佛感动了王母娘娘，她将自己的簪子上的银豆儿抛下来变成石头。她托梦给每一位妇女凡是要生儿育女者全要摸石。有的人想试一试，果然一摸，便怀了孕，所以昌松人全来摸石，导致奇石上面留下了永恒的伤疤。

　　它又叫"催生石"，相传凉州有一个农家姑娘长得十分漂亮，被县太爷抓去献给昏庸的皇帝，皇帝只宠幸了一夜，便有奸臣密道"凉州之女不孕，"之事便弃之冷宫。姑娘惦记父母便用自身首饰买通太监，准备逃回故乡，行到洪池谷，腹痛难行，分娩期到，痛了几天未能生出自己的小宝宝。

她想既然别人能怀孕，我便可以催生，果然一摸此石便生了自己的小宝宝，所以人们又叫它是"催生石"。

第十节　特色美食

一、武都洋芋搅团

洋芋搅团是甘肃陇南小有名气的小吃。搅团是流传已久的一种家常饭，以玉米面搅团最为常见，兼有荞麦面搅团、杂面搅团等多种形式。搅团是生活贫困时常吃的饭，现在除非怀旧，一般不会去吃了。搅团的做法很简单，先是炒上一碟蒜苗，炒好酸菜，然后就在开水锅里一把把往里搅面，直到搅得浓稠，接下来便掺水，搅匀，煮熟，舀到碗里，浇上酸菜，夹上蒜苗，调些辣椒，吃起来很热乎。

二、靖远羊羔肉

靖远羊羔肉是一种独特的地方风味美食。其特色在于独特的滩羊品种，独特的生长环境，独特的加工方法，独特的药膳滋补价值。靖远县属黄河

冲积盆地，黄河径流 154 公里，造就了独特的气候环境。境内屈吴山、哈思山、云台山水草丰茂，气候凉爽，生长着柴胡、麻黄、益母、蒲公英、黄芩、桔梗、薄荷、甘草等数十种草药，山中水流潺潺，矿物富集，羊羔日食药草，夜饮矿泉，从而使羊肉细胞成分改变，造就了肉质细嫩、味道鲜美的靖远羊羔肉。

　　现在靖远羊羔肉作为一道名菜流行于甘肃、青海等地，制作过程辅以10多种中药材为佐料，加入特制的黄色粗粉条，失水率低，吸水力强，熟肉率高，汁液丰富，通过爆炒、红烧、黄焖、干炸、烧烤、清炖、清蒸等工艺进行加工，味道美妙，营养丰富。

三、藏包

　　藏包是甘南藏族自治州的风味特色，因为这种包子个大又圆，很像牛眼睛，因此又被当地藏民称为"牛眼睛包子"。位于高原的藏区以青稞面为主要粮食，因此这种包子以青稞面为皮，一般用牛羊肉馅蒸制而成。但

是为了适应大部分游客的需求，现在的藏包多用白面为皮，羊肉为馅了，然后加入适量的羊板油，调上葱花、酱油、味精、花椒水等佐料，放在笼上蒸熟就可以吃了。不过，肠胃不好的朋友需要注意不能吃凉的包子，因为牛羊肉的馅凉了就会结油在一起，吃了会不舒服。

四、兰州冬季旅游必尝名小吃——好吃又滋补的热冬果

　　冬果梨是兰州特有的一个梨种，这种梨个头大，肉头厚，味道甜美。正因为如此，兰州人将这种梨子用冰糖水煮烂，专门吃汤梨，冰糖和梨子本身的香甜完美结合，味道非常特别。另外，这种梨子在冬天以这种方式食用，还具有滋阴、润肺、止咳化痰的功效。尤其是止咳的功效，冰糖煮过的梨子，甜上加甜，加上性温去寒，所以冬天吃这个最合适不过。说起这热冬果，在兰州的小食街头，据说已经存在有上百年的历史了。这道小食的来源那就更早了，相传是在1300多年前，唐朝宰相魏征的母亲因为

患病，咳嗽不止，想看医生，又怕药太苦。魏征很孝顺，又知道自己的母亲爱吃梨，所以就把梨汁与研成粉末的草药熬成梨膏，其母吃了以后不久病就好了。

五、唐汪手抓羊肉

唐汪手抓羊肉因出于临夏回族自治州境内的唐汪川而得名，唐汪川的一种传统饮食"平伙手抓羊肉"，是中亚、西亚的"撒尔塔"色目人东逐时传入我国并发展起来的一种独特的民族饮食。"唐汪手抓"传人汪玉元1978年来兰州经营，并在七里河区小西湖一带形成了以手抓羊肉为主要特色的饮食市场。唐汪手抓羊肉选用肉质佳、无膻味而肥瘦有致

的揭羊，当天宰，当天煮，调料上乘，搭配适宜，火候得当，成品味醇可口，肥而不腻。

六、臊子面

　　臊子面是兰州非常著名的传统面食，据说是由唐朝的"长寿面"演化而来，成为老人寿辰、小孩生日及其他节日的待客佳品，含"福寿延年"之意。臊子面做工考究：先用羊肉、黄花、木耳、鸡蛋、豆腐、蒜苗及各种调料做成臊子；再用碱水和面，反复揉搓，然后擀成厚薄均匀的面皮，用菜刀切细，在锅内煮熟。食用时，先捞面条，再舀臊子。汤多面少，则臊子鲜香，汤味酸辣，面条细长，筋韧爽口，成为营养丰富、老幼皆宜的美味佳肴。

七、浆水面

浆水，既可做清凉饮料，又能在吃面条时做汤，再加上葱花、香菜调味.更是脍炙人口。所以，兰州、定西、天水、临夏等地的群众，都喜欢吃浆水面。浆水有清热解暑之功效，在炎热的夏天，喝上一碗浆水，或者吃上一碗浆水面，立即会感到清凉爽快，还能解除疲劳，恢复体力。浆水对某些疾病也有疗效。有的高血压病患者经常吃一点芹菜浆水，能起到降低和稳定血压的作用。据说对肠胃和泌尿系统的某些疾病，浆水也有一定的疗效，有的医院，曾用浆水配合药物，治疗烧伤病人。浆水的制作也很简单，一般用芹菜、莲花菜、小白菜及其他菜叶为料，煮熟以后加上发酵"引子"，盛在盆内盖好，用衣物焖上一天后即可食用。

我爱甘肃

八、酿皮子

酿皮子是一种用面粉做的凉食佳品，在甘肃各地均有，而以兰州所产最佳。制作酿皮子时，一是把优质的面粉和成面团，然后陆续加水并加入

少许的盐、碱，不断地用手揉洗，将洗出的面浆倒入专门的"酿箩"里推均匀，上笼蒸 3 至 4 分钟后，取出即可，吃时切成条状，拌之以芥茉、蒜泥、芝麻酱、辣子油、醋、酱等佐料，五味俱全。

九、羊肉泡馍

羊肉泡馍料重、味醇、肉料汤浓，馍筋光滑，香气四溢，食后余味无穷，又有暖胃功能。它的烹饪技术要求很严，煮肉的工艺也特别讲究。与肉合烹的"托托馍"酥脆甘香，入汤不散。用餐之前，须把"托托馍"掰成碎块。掰馍讲究越小越好，这是为了便于五味入馍，然后再由烹饪师烹调。煮馍讲究以馍定汤，调料恰当，武火急煮，适时装碗，以达到原汤入馍，馍香扑鼻的要求。羊肉泡馍不仅讲究烹调，更讲究"会吃"。食用方法有三种：干泡，要求煮成的馍，汤汁完全渗入馍内，吃后碗内无汤无馍无肉；口汤，要求煮成的馍，吃后碗内仅剩一口汤；水围城，很多汤泡着一块一块的饼。

十、兰州清汤牛肉面

兰州清汤牛肉面俗称"牛肉拉面"，可以称得上是兰州最为著名的风味小吃和最具特色的大众化经济小吃，被当地人誉为兰州的麦当劳。兰州牛肉面创始于光绪年间，系回族老人马保子首创。牛肉面以肉烂汤鲜、面质精细而蜚声中外。兰州牛肉面有一清（汤清）、二白（萝卜白）、三红（辣子油红）、四绿（香菜绿）、五黄（面条黄亮）五大特点。面条根据粗细可分为大宽、宽、细、二细、毛细、韭叶子等种类。面条用手工现场拉成，一碗面不到两分钟即可做好，再浇上调好的牛肉面汤、白萝卜片，调上红红的辣椒油、碧绿的蒜苗、香菜，食之令人叫绝。

十一、天水呱呱

　　每天早上，吃一碗呱呱已成了许多天水人的生活习惯。这种用荞面做成的小吃不仅香辣可口，而且它的来历还蕴涵着一段古老的故事。

　　相传，西汉末年，雄霸西北的隗嚣的母亲就特别爱吃荞面凉粉，孝顺的隗嚣便经常亲自下厨为母亲去做。有一次不小心炉火过大，使锅底有点糊。隗嚣正准备重做，但等在一旁的母亲一尝，却觉得比以往更香。此后，宫里的厨师们便照着这次的样子来做。因为有点糊味的凉粉特粘锅，所以就要刮着锅底来取。久而久之，就把这种凉粉叫做呱呱，意思是不仅取时刮得锅响，而且味道也真是呱呱叫，太好吃了。后来，隗嚣被东汉开国皇帝刘秀消灭，厨师就流落天水，以做小吃呱呱谋生。从此，这种宫廷美食就在天水民间流传下来。

我爱甘肃

第五章

甘肃名人录

　　女娲是一位生育人类，创造万物的伟大母亲。她是中国三皇五帝时期一个统御全国部落的女首领，也就是母系氏族社会的女酋长。古籍中都有不少这方面的记载。而今，女娲作为女性所具有的坚强毅力和贤淑隐忍也成为中华儿女的楷模。

淡淡猿之鳥

古之善為士者
微妙玄通深不
可識夫唯不可識
故強為之容豫兮
若冬涉川猶兮
若畏四鄰儼兮
其若客渙兮若
冰之將釋

第一节　"创世女神"女娲

　　女娲，中国上古神话中的创世女神。传说女娲用黄土仿照自己造成了人，创造了人类社会。还有传说女娲补天，即自然界发生了一场特大灾害，天塌地陷，猛禽恶兽都出来残害百姓，女娲熔炼五色石来修补苍天，又杀死恶兽猛禽。另传说女娲制造了一种叫笙簧的乐器，于是人们又奉女娲是音乐女神。

　　女娲又称女阴、女娲娘娘，风姓，生于成纪（今甘肃秦安县），一说她的名字为风里希（或为风里牺），是中国历史神话传说中的一位女神。

女娲雕塑 >

<天水女娲祠

地处秦安县城 50 公里的陇城镇，相传为女娲出生之地。传说女娲生于风沟，长于风台，葬于风茔。在风沟悬崖上至今还有一处深不见底的女娲洞，镇北门外有一口大井，世称龙泉，据传是女娲抟土造人用水之泉。镇南门有一座占地 160 平方米的气宇轩昂、雕梁画栋、飞檐兽脊、流丹飞碧的女娲庙——"娲皇宫"。

女娲是一位生育人类，创造万物的伟大母亲。她是中国三皇五帝时期一个统御全国部落的女首领，也就是母系氏族社会的女酋长。古籍中都有不少这方面的记载。而今，女娲作为女性所具有的坚强毅力和贤淑隐忍也成为中华儿女的楷模。

第二节 "飞将军"李广

李广（？—前 119 年），陇西郡成纪县人，先祖李信，曾率军击败燕太子丹。李广家族世代接受仆射这一官职。他们老家在槐里，后迁徙到成纪。李广家世代传习射箭。

我爱甘肃

汉文帝十四年（前166年），匈奴大举入侵边关，李广以良家子弟从军抗击匈奴。因善于用箭，杀死和俘虏了众多敌人，升为郎中，以骑士侍卫皇帝。汉景帝即位后，李广为陇西都尉，不久升为骑郎将。吴楚七国之乱时，李广任骁骑都尉跟随太尉周亚夫抗击吴楚叛军。因夺取叛军帅旗由此在昌邑城下立功显名。虽有功，但由于李广接受了梁王私自授给他的将军印，回朝后，没得到封赏。诸王叛乱平定后，李广任上谷太守，后李广又在陇西、北地、雁门、代郡、云中等地做太守，以打硬仗而闻名。

公元前140年，汉武帝即位，众臣认为李广是名勇将，武帝于是调任李广任未央宫的卫尉。汉武帝三年（前133年），汉用马邑城（今山西朔县）诱匈奴单于入塞。派大军埋伏在附近的山谷中，李广担任骁骑将军。四年后，李广率军出雁门关，被成倍的匈奴大军包围，李广终因寡不敌众而受伤被俘。匈奴单于久仰李广威名，命令手下：“得李广必生致之。”匈奴骑兵便把当时受伤得病的李广放在两匹马中间，让他躺在用绳子结成的网袋里。走了十多里路，李广装死，斜眼瞧见他旁边有个匈奴兵骑着一匹好马，李广突然一跃，跳上匈奴少年的战马，把少年推下马，摘下他的弓箭，策马扬鞭向南奔驰，匈奴骑兵数百人紧紧追赶。李广边跑边射杀追兵，终于逃脱，收集余部回到了京师。汉朝廷把李广交给法官，法官判李广部队死伤人马众多，自己又被匈奴活捉，应当斩首，后用钱赎罪，成为平民。

李广在家闲居期间，常与颍阴侯灌婴的孙子灌强到蓝田南山中射猎。曾有一次在夜间带着一个随从骑马外出，跟别人在乡间饮酒。归来时路过霸陵亭，霸陵亭尉喝醉了酒上前呵斥李广不让通行。李广的随骑说：“这是前任的李将军。”亭尉说：“就是现任将军尚且不能夜间通过，何况是前任将军！”于是就扣留了李广等人，留宿霸陵亭下。过了不久，匈奴攻入辽西，击败了韩安国的军队。于是皇帝召李广，封他为右北平太守。李广随即请求武帝，准许派遣霸陵亭尉一同前去。到了军中李广就把亭尉杀了，然后向皇帝上书谢罪。这件事从一个侧面反映出李广心胸的狭窄。

李广出猎，看到草丛中的一块石头，以为是老虎，张弓而射，一箭射去把整个箭头都射进了石头里。仔细看去，原来是石头，再射，就怎么也射不进石头里去了。李广一听说哪儿出现老虎，他就常常要亲自去射杀，据守右北平时一次射虎，恶虎扑伤了李广，李广带伤也终于射死了这只虎。

　　李广任右北平太守后，匈奴畏惧，称李广"汉之飞将军"，避之，数年不敢入侵右北平。李广为将廉洁，常把自己的赏赐分给部下，与士兵同吃同饮。他做了四十多年俸禄二千石的官，家里没有多少多余的财物，始终不谈购置家产的事，深得官兵爱戴。李广身材高大，臂长如猿，有善射天赋，他的子孙和他人跟李广学射箭，但都不及李广。李广不善言辞，与人闲居时亦以射箭来赌酒为乐，一生都以射箭为消遣。李广爱兵如子，凡事能身先士卒。行军遇到缺水断食之时，见水，见食，士兵不全喝到水，

< 李广画像

我爱甘肃

他不近水边；士兵不全吃遍，他不尝饭食。对士兵宽缓不苛，这就使得士兵甘愿为他出死力。

公元前121年，李广以郎中令身份率四千骑兵从右北平出塞，与博望侯张骞的部队一起出征匈奴。李广部队前进了数百里，突然被匈奴左贤王带领的四万名骑兵包围。李广的士兵都非常害怕，李广就派自己的儿子李敢先入敌阵探察敌情。李敢率几十名骑兵，冲入敌阵，直贯匈奴的重围，抄出敌人的两翼而回。回来后向李广报告说："匈奴兵很容易对付。"李广的军士听了才安定下来。李广布成圆形阵势面向四外抗敌。匈奴猛攻汉军，箭如雨下，汉兵死伤过半，箭也快射光了。李广就命令士兵把弓拉满，不要发射，他手持强弩"大黄"射杀匈奴裨将多人。匈奴兵将大为惊恐，渐渐散开。这时天色已晚，汉官兵都吓得面无人色，但李广却意气自如，更加地整饬军队。军中官兵从此都非常佩服李广的勇气。第二天，他又和敌兵奋战，这时博望侯张骞的救兵才赶到，解了匈奴之围。李广的军队几乎全军覆没，李广功过相抵，没有得到赏赐。博望侯张骞当斩，后用钱赎罪，成为平民。

李广前后与匈奴作战四十多年，却始终得不到封侯，官职也没有超过九卿。一次李广就此事求教算命的王朔。王朔说："将军想想难道做过什么可悔恨的事情么？"李广想想说："我为陇西太守时，羌族人造反，我诱降了他们之后却又杀死了他们，至今最大的悔恨只有这事。"王朔说："罪过没有比杀已降的人更大了。这就是你不得封的原因了。"

公元前119年，大将军卫青率军出击匈奴，李广以60多岁的高龄任前将军职。出塞后，卫青从俘虏口中得知了单于的驻地。他想甩开李广独得大功，便令李广的前锋部队并入右翼出东道，他自带中军去追单于。李广力争无果，遂引军与右将军赵食其合军出东道。由于道路难走又无向导，终于迷了路。此时卫青与单于接战，单于逃走，卫青只得徒劳而返，在回军的路上才与右翼部队会合。卫青差亲信带著酒肉来慰问李广，向他询问右翼部队迷路的经过。说卫青要向天子上报，把走失单于的责任推给右将军赵食其。李广一身正直，自然不答应。卫青大为光火，又派人催逼李广的幕僚去中军接受审问。李广说："他们无罪，迷路的责任在我，我自己去受审。"把责任全揽在自己身上。来人走后，李广望着那些多年共同生死的部将，慨然叹道："我自少年从军，与匈奴大小七十余战，想不到现今却被大将军如此催逼，我已年过花甲，哪能再受这样的屈辱！"说罢拔出配剑引颈自刎。一代名将，就这样含冤悲惨地陨落了。

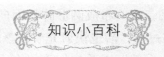

知识小百科

李广墓地

　　李广墓位于天水市城南石马坪。李广墓建于何时，史无记载。这座李广墓是衣冠冢墓，墓地有高达6米的碑塔一座，塔前有祭亭三间，均为30年代初建造。墓地中央是一高约10米，周长25米左右的半球形坟堆，四周砌以青砖，青草盖顶，庄严肃穆。墓前竖立清乾隆己未年间重建"汉将军李广墓"和蒋中正题"汉将军李广之墓"两块石碑。墓地祭亭门前有两匹汉代石雕骏马，造型粗犷，风格古朴，但现已磨损残缺，略具形式了，石马坪也因此而得名。

< 李广墓

我爱甘肃

第三节 武功盖世甘延寿

甘延寿。（公元前？—前25年），字君况，北地郡郁郅县人，是西汉末年立功异域的将军。

甘延寿出身名门，少年时就善骑射，被选拔到御林军中。他很有力气，投石块、举重物一般人都赶不上他；轻功也很好，据说能逾越御林军驻地的楼台、阁亭；在与其他军士徒手搏斗时，没有人能胜过他，后被提升为郎官。西汉皇帝看重他的武艺和气力，不久便调升为辽东太守，曾因事被免官。车骑将军许嘉推荐他担任了郎中和谏议大夫，随后朝廷派他出使西域，就任都护骑都尉，与副校尉陈汤共同诛灭了匈奴的郅支单于，被封为义成侯。

当初，匈奴的郅支单于率族徙居坚昆，埋怨汉朝廷偏护呼韩邪单于，便扣押汉朝廷的使臣江乃始等人，并派使臣要求归还作为人质的儿子驹于利爱。汉元帝同意放其子回国，特派卫司马谷吉送归。谷吉被郅支单于杀死。郅支单于知道又得罪了汉廷，又听到呼韩邪单于渐渐强大起来，恐怕遭到袭击，就引兵向西到康居国。康居国王与郅支单于相互娶了对方的女儿，互为翁婿，然后联兵往攻乌孙国，直到乌孙国都城赤谷城下，抢得许多人畜方才还师。郅支单于因胜生骄，蔑视康居国，虐待和杀死了康居王女。郅支单于害怕康居国报复，又徙移部族到赖女滨，强迫人民花两年时间修筑了城池，据险自固。后多次派人去大宛等国，强行征收贡物。汉朝廷还以为谷吉未死，派使者去探听，才知谷吉早被杀死，再派人索要尸骸。郅支单于不但不给，反将汉朝使臣拘押。郅至单于假装要求汉朝廷任命他为西域都护官，说自己住得偏僻，困难很多，情愿归附大汉，并派儿子人质。其实都是假言诳语，意在欺骗汉廷。西域都护郑吉已年老多病，要求退休，汉元帝乃派甘延寿、陈汤2人出镇乌垒城。陈汤是个文人，足智多谋。

汉元帝初元三年（公元前46年）的一天，陈汤向甘延寿建议道："少数民族国家因害怕而服从大国，这是他们的地位和本性决定的。前一段西域诸国曾服从过匈奴。今郅支单于迁移到这里，自以为国强，侵犯乌孙、大宛，并为康居国王出谋划策，想吞并这两个国家。若乌孙、大宛果然被吞并了，势必又北攻伊利国，西取安息国，南击月氏国，不出几年，西域诸国将尽为匈奴所有。而且郅支单于剽悍善战，现在不图取他，必然成为西域的大患。最好先发制人，把屯田垦地的将士全都动员出来，加上乌孙国的部众，直指郅支单于的都城，乘他们不防备，很容易攻入。利用这个机会斩杀郅支单于，将其首级上献朝廷，岂不是建立了千载难逢的大功么？"甘延寿也认为是个好计策，想先奏明朝廷同意后再实施。陈汤又劝说："朝廷公卿，怎么能考虑那么远？如果你上奏叫他们知道了，反而不见得就依从咱们。"甘延寿不愿意独断专行，没有马上行动。正考虑上书奏请，忽然得病，只好搁置一旁。

甘延寿正在调理疾病的时候，陈汤擅自发兵万人请行。如此，箭在弦上，不得不发。甘延寿带病与陈汤将兵分为6队，即日起行。3队从南道越过葱岭，由大宛绕往康居国；他与陈汤率领另3队人马，从北道过乌孙国都，入康居国境。他们走到阗池西面，恰巧碰上了康居副王抱阗领骑兵千余侵犯乌孙的都城赤谷城，抢了些人畜回来。当即被汉兵截杀一阵，夺还人口470人，交付乌孙的大昆弥领回，牲畜留作军食。再西入康居国地界，访探到康居贵人屠墨与郅支单于关系不好，就派人召来。陈汤与他歃血为盟，遣令他回去仍管理部众，不得与汉朝为敌，同时约束部众，不犯秋毫。在路途中，又遇上屠墨的儿子开牟，派他为向导，直向郅支单于的都城进发。离此城30里地扎下营盘。

郅支单于一面派人诘问汉兵何故到此，一面号令人马分头拒守。布置甫定，汉兵已鼓噪前来。但见都城城头上遍列五彩旗帜，数百名壮士已披甲登城守卫，又有数百名骑士出城往来驰骋，步兵则在城门口布成鱼鳞方块阵守候。城外百余游骑见汉兵攻来，却也不管好歹，纵马来冲汉兵。汉兵早有防备，张弓迭射，箭如雨注，将胡骑击退。汉兵从后追击，直抵城前，将城团团围住。城有两重，外是用大木头编连而成的木城，内是夯土成墙的土城。木城有孔隙，里面胡兵射箭出来，伤毙汉兵数人。甘延寿与陈汤怒不可遏，命士兵纵火烧城，木城遇火，立即燃烧，胡兵抵御不住，多半逃入内城，只有数百锐骑，出外阻拦，统被汉兵射死。汉兵前拥刀牌，后持弩戟，一齐杀入木城，扫尽胡兵，然后再攻土城。郅支单于见汉兵势盛，心想出走，但想到汉兵经过康居国，未听见开仗，猜想康居国王可能投靠了汉兵，而且眼见汉兵中杂有西域各国军马，都为汉朝廷效力，即使脱逃出重围，也无处可去，因此决心死守。兵马不足，连宫人也被驱赶上城。他自己全身披挂上城指挥，其大、小夫人约有十几人，其中能射箭的也弯弓俯射汉兵。汉兵用盾遮挡，找空隙还射。弓弦响处，射倒几名单于的夫人，其中有一箭不偏不倚，正中郅支单于的鼻子。郅支单于忍痛退到城下。汉兵正要登城，突被康居国发来的万余军马围住。甘延寿与陈汤不得不暂缓攻城，急令军士守住营寨。此时正是半夜，他们派一奇兵偷出康居国的包围圈，转袭其后背。康居兵未有觉察，仍与城内遥相呼应，夹击汉兵。汉营坚守不出，用强弓硬弩射杀，用长枪大戟猛刺，任康居兵多次冲突，均被击退。眼看天色将明，康居兵皆已疲倦，突然汉营中鼓钲大作，军士杀出，康居兵的背后也火光四起，烟焰中拥出汉兵无数，前后夹攻，康居兵死伤无数，只有少部分人抱头鼠窜而去。外患即除，汉军又转攻城里。四面架梯，顿时将城攻破。郅支单于及男女百余人退入宫内，汉兵纵火焚烧，争抢攻入，单于被乱刀砍死。军候杜勋抢先一步，割下首级，携去报功。其他军士杀死单于夫人、太子、名王以下1500多人，生擒番目145人，收降胡人千余人，搜得汉使节2柄，并前时谷吉所带的诏书。此外金帛、牲畜等件遍赐从军将士和西域各国随征的兵士，全体欢腾雀跃。

在投降的胡军里面有一部分为罗马将士。公元前53年（西汉甘露元年），罗马帝国三巨头之一的克拉苏统率7个兵团，约4万多人的大军对安息（今伊朗一带发动了侵略战争，史称"罗马军东征"。这支以擅长剑术和"方块阵"作战著称的军队，出奇制胜，所向无敌，很快推进到卡乐莱（今叙利亚的帕提亚）地区。一天，得意忘形的罗马军突然被高举用中国丝绸做旗帜的军队包围。经过鏖战，统帅克拉苏战死，大部分将士成为刀下之鬼。只有克拉苏的长子普布利乌斯率领千余人突围出来，几经转折。投靠了郅支单于，成为主力部队，为郅支单于守城、布阵。所以郅支单于所筑的城防和布置的阵势带有罗马帝国的风格。这次战争中，罗马人又被汉军俘获。汉朝廷为了安置他们，在今河西走廊的永昌县境内建筑了一个骊靬革于城供他们居住生息。至今，在永昌县境内，还有一些高鼻、深目、白肤、棕发的人，具有西方人的特征，就是这次战争所俘获的罗马人的后裔。

甘延寿与陈汤建此大功，甘延寿封为义成侯、长水校尉，食邑300户，加赐黄金百斤。后来，甘延寿又升任城门校尉、护军都尉，于公元前25年逝世，谥为壮侯。

第四节　书法巨匠张芝

张芝，字伯英，系东汉时人，生年不详，卒于公元192年。东汉敦煌郡渊泉人。渊泉为汉代敦煌郡所辖六个县中的一个（今甘肃酒泉市瓜州县四道沟老城一带）。

张芝画像 >

　　有关张芝生平的史料很少，这与他情操高洁，不慕功名有关。《后汉书·张奂传》中仅提到"长子芝最知名，及弟昶并善草书"，虽极简略，却从中可知张芝在当时已因书法成就而享有盛名。唐朝开元时的著名书法家和评论家张怀瓘在其书法理论名著《书断》里，有数百字论述张芝，确定了他在华夏书坛的重要地位。张芝的"草圣"地位自此成为一座不可动摇的丰碑而屹立于中国书坛，闪耀着永恒的璀璨光芒。

　　中国文字，从甲骨文到小篆，成熟于秦，促使隶书应运而生。至西汉隶书盛行，同时也产生了草书，可谓"篆、隶、草、行、真"各体具备，但行笔较为迟缓且有波磔的隶书和字字独立、仍有隶意的章草，已不能满足人们快速书写需要，而使书写快捷、流利的"今草"勃然兴起，社会上形成"草书热"。张芝从民间和杜度、崔瑗、崔实那里汲取草书艺术精华，独创"一笔书"，亦即所谓"大草"，使草书得以从章草的窠臼中脱身而出，从此使中国书法进入了一个无拘无束、汪洋恣肆的阔大空间,从而使书法家的艺术个性得到彻底的解放。

张芝所创的"一笔书","字之体势一笔而成","如行云流水,拔茅连茹,上下牵连,或借上字之下而为下字之上,奇形离合,数意兼包"。这是张怀瓘在《书断》中对一笔书的精辟概括,同时高度评价张芝的草书"劲骨丰肌,德冠诸贤之首",从而成为"草书之首"。张芝的草书给中国书法艺术带来了无与伦比的生机,一时名噪天下,学者如云。王羲之对张芝推崇备至,师法多年,始终认为自己的草书不及张芝。

狂草大师怀素也自承从二张(张芝、张旭)得益最多。唐朝草书大家孙过庭在他的书谱中也多次提到他把张芝草书作为蓝本而终生临习。

张芝出身显宦名门,但"幼而高操,勤学好古",不以功名为念,多次谢绝朝廷的征召,潜心习书。他"临池学书,池水尽墨"的刻苦磨砺精神,

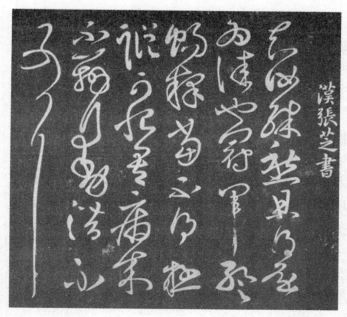

< 张芝书《冠军帖》

我爱甘肃

成为中国书法界尽人皆知的一大掌故。王羲之曾钦敬地说张芝"临池学书，池水皆墨，好之绝伦，吾弗如也"。前人咏敦煌古迹二十首有《墨池咏》：昔人经篆素，尽妙许张芝。草圣雄千古，芳名冠一时。舒笺观鸟迹，研墨染鱼缯。长想临池处，兴来聊咏诗。

张芝正是这样淡泊荣利，苦苦求索，方才攀上了中国书法艺术的第一座高峰。

他的墨迹近两千年来为世人所宝，寸纸不遗，他的墨迹在《淳化阁帖》里收有五帖三十八行，为历代书家珍视并临习，故张芝的书法艺术精神至今仍鲜活在中国书法的血脉中。张芝同时也是书法理论的开先河者，曾著《笔心论》五篇，可惜早已失传。

知识小百科

临池学书

　　张芝小时候练字非常刻苦。在他家的附近有一个池塘，池塘边有一块平整的大石头，这正是他多年来练习书法的地方。当时"蔡侯纸"刚刚发明，市场上很少有卖。因此张芝只得以布代纸，把外衣脱下来，铺在石头上，提笔在衣服上书写起来。他就这样不停地写着，眼看整件衣服上已被写得密密麻麻了。他突然想起把衣服写成这样可能会遭到父母的责怪。怎么办呢？正在这时，一位正在洗衣的姑娘使他受到了启发。他马上把写满字的衣服浸到水里，洗起来。张芝回到了家，母亲发现他的衣服变成了灰色，于是问他是怎么回事。他无法瞒过父母，只得把缘由告诉了他们。出乎意料的是，父母不但没有因此而责备他，反倒表扬了他。父母都非常支持他练字，母亲想出了一个办法：及时把写过字的衣服放到热水里煮，漂白一下，这样衣服就不会变色了。就这样，在父母的支持和鼓励下，张芝更加刻苦地练习书法，练就了一手非常好的章草体。

据说他还是一位制笔专家。像张芝这样造诣全面的书法巨匠，在整部中国书法史上也是罕见的，不愧"草圣"的崇高称号。他的季弟张昶也是当时著名的书法家，精善章草，时人称为"亚圣"。甘陇应以出过这样杰出的文化巨人而感到自豪。

第五节　唐太宗李世民

李世民，隋开皇十八年（599年）出生于武功别馆，是唐高祖（李渊）与窦皇后的次子。

隋大业十一年（615年），隋炀帝被突厥十万骑围困于雁门（今山西代县），李世民受募从屯卫将军云定兴之命前往救援，提出虚张军容，昼引旌旗数十里，夜以钲鼓相应的疑兵计。时值东都及诸郡援兵亦至忻口（今忻县北），迫使突厥始毕可汗解围而去。十三年六月，与其兄李建成率兵攻西河（今汾阳），首战获胜，促使李渊决意西向关中。任右领军大都督，统右三军，封敦煌郡公。七月随李渊自太原（今太原西南）南下。途中李渊一度动摇，欲还师更图后举。世民坚决主张继续进军，提出先入咸阳，号令天下的方略。八月，进攻霍邑（今霍州），先率轻骑至城下，诱隋守将宋老生出战，继而率骑猛冲其侧背，配合李渊、建成正面攻击，斩宋老生，克其城。九月，军至河东（今永济西南），力主急速进军长安（今西安），遂奉命率前军西渡黄河，顺利占领渭河以北地区，各大族豪强纷至军门投效，数支农民起义军亦来归附，兵力迅速发展至13万人。十一月，会诸军攻克长安。李渊立代王杨侑为帝，即隋恭帝，改大业十三年为义宁元年。以光禄大夫、大将军、太尉唐公为假黄钺、使持节、大都督内外诸

我爱甘肃

130

唐太宗李世民画像 >

军事、尚书令、大丞相，进封唐王，李世民为京兆尹，改封秦公，义宁二年三月，为右元帅，徙封赵国公。

同年（618年）五月，隋恭帝禅位于唐，唐王即皇帝位，国号大唐，改元武德。武德元年，以赵公世民为尚书令、右翊卫大将军，进封秦王。

唐朝建立以后，为统一全国，先后进行了六次大的战役。这六个战役李世民就指挥了四个，全部取得了胜利，为唐朝立下了赫赫战功。

第一次是对陇右薛举父子集团的战役，唐武德元年，薛举率军进攻关中，双方在现陕西长武县发生激战。由于李世民生病，刘文静不听元帅告诫而听殷开山之计，出战，被薛举所败，退回长安。但不久，李世民便在浅水原之战彻底打败薛军，消灭了陇东集团。

第二次，刘武周依附突厥，南下进攻唐朝，攻占了晋阳，李世民不畏艰险，终于击溃了敌人主力，并乘胜追击，两天不吃饭，三天不解甲，彻底消灭了敌军，收复了丢失的土地。

第三次是对王世充和窦建德的战役。这次战役规模为唐统一战争中最大的。在这次战役中，李世民先将王世充击败，围困在洛阳，令其无粮草供应，待其自毙。就在洛阳将下未下之时，河北的窦建德军十余万众号称三十万为救援王世充，突然出现在唐军背后。李世民力排众议，在虎牢之战中大败窦建德军，生擒窦建德。洛阳的王世充也只得投降，这次李世民一举两克，取得了决定性的胜利。

第四次是平定刘黑闼的战役，刘黑闼是窦建德的部下，他打着为窦建德复仇的旗号，在河北起兵反唐。李世民指挥了平定其第一次起兵的战役，仅仅两个月就取得了胜利。（其他两个战役是由李孝恭指挥的平定杜伏威的江淮军和平定以江陵为根据地的萧铣的梁政权）。

李世民自此威望日隆，尤其是在虎牢之战后进入长安时，受到部分军民以皇帝的礼仪招待。武德四年冬十月，封为天策上将、领司徒、陕东道大行台尚书令，食邑增至二万户。高祖又下诏特许天策府自置官属，俨然形成一个小政府机构。

李世民在战斗中注重战前侦察，虽屡次遇险，但每次战斗都能做到知己知彼，善于制造战机，当敌强我弱时，他经常用"坚壁挫锐"的战法拖垮敌人，战斗中身先士卒，亲自率领骑兵突击敌阵，胜利后勇追穷寇，不给敌人喘息之机，因此获得了每次战役的胜利。在统一边疆的战争中，他运筹帷幄，决胜千里，明于知将，选拔良才，取得了战争的胜利。李世民用他卓越的军事才能，为大唐盛世的建立和发展做出了巨大贡献。

李世民为帝之后，积极听取群臣的意见，以文治天下，并开疆拓土，虚心纳谏，在国内厉行节约，并使百姓能够休养生息，终于使得社会出现了国泰民安的局面，开创了中国历史上著名的贞观之治，为后来唐朝一百多年的盛世奠定重要基础。公元 649 年 7 月 10 日（贞观二十三年五月己

我爱甘肃

巳日），唐太宗李世民因病驾崩于含风殿，享年五十二岁，在位二十三年，庙号太宗，葬于昭陵。李世民爱好文学与书法，有墨宝传世。

第六节　清代著名学者张澍

张澍（1776—1847）字百沦，凉州府武威县（今武威市）人。，清代著名文献学家。

张澍年幼丧母，在秀才父亲的教导下读书，后来师从名师刘作垣，进步颇快。19 岁中举人，24 岁中进士，选翰林院庶吉士，两年后出任贵州省玉屏县知县。其后先后代理遵义县知县，代理广顺州（今贵州长顺县）

武威张澍著《蜀典》>

知州，四川省屏山县知县，代理兴文、大足、铜梁、南溪知县，江西省永新县知县，代理临江府（今江西省清江县西临江镇）通判，泸溪县（今江西省资溪县）知县。张澍性格刚直不阿，工作一丝不苟，在公文中与上级争辩是非，因而得罪了不少上级，在仕途中并不顺利。正如其好友所评论的，"以子之精心果力，著书当可传；以子之直气严情，筮仕实不合。"在小官任上，其治国、平天下的远大抱负难以实现。1830年，张澍引疾辞职，结束了仕宦生涯，1832年回到西安，客居城内和乐巷，从此进一步从事学术研究，整理刊印自己的著作，成为在全国颇具影响力的学者。后来患眼疾，最终失明。《清史稿·文苑列传》有传。

张澍一生著述甚丰，已刊印的有《姓氏寻源》、《姓氏辩误》、《西夏姓氏录》、《续黔书》、《蜀典》、《大足县志》、《养素堂文集》、《养素堂诗集》、《二酉堂丛书》、《诸葛忠武侯文集》、《凉州府志备考》等；未刊印的著作主要有《诗小序翼》、《元史姓氏录》、《帝王世纪》辑本、《续敦煌实录）、《鹊野诗微》、《文字指归》、《韵学一得》、《小学识别》、《叠字谱》、《天文管窥》、《消夏录》等。张澍的辑佚工作，所辑一般是后世佚失的古代关陇地区学者的有影响的著作。其《二酉堂丛书》，现在国内各大图书馆都有收藏，大半收录的是甘肃籍作者的著作。

张澍研究的领域非常广泛，其在学术上的成就得到了学者们的充分肯定，如清代著名学者张之洞《书目答问》将其列入经学家、史学家和金石学家。清代初年，顾亭林开一代考据学风，学术思想为之一变。然而西北学者多抱残守缺，不能顺应学术潮流。清代嘉庆、道光之际，西北学者只有张澍精通经史，于汗牛充栋、浩如烟海的文献中，网罗散失，考证寻研，从事辑佚考据工作，与全国著名学者如孙星衍、任大春、俞曲园等并驾齐驱，为学术界做出了不可磨灭的贡献。

第六章

甘肃的旅游胜地

　　丝绸之路、长城边关，河西四郡、大漠孤烟，黄土高坡、甘南草原……在充满传奇色彩与浪漫神韵的丝绸古道上，在辽阔的中国西北腹地，甘肃传承着黄河上游八千年的文化与文明，丝绸之路两千年的辉煌与梦想。敦煌宝窟、嘉峪雄关、拉卜楞寺、麦积云烟，甘肃的旅游美景魅力无限，成为旅游的梦境，旅游的天堂。

∧ 敦煌莫高窟

第一节　万里长城

　　万里长城由秦人最早从陇西起修的，被誉为人类最伟大的人工工程。关于嘉峪关在甘肃还流传着"山羊驮砖"的传说。嘉峪关城，城墙高9米，还要在城墙之上修建数十座大小不同的楼阁和众多的垛墙，用砖数量之大是非常惊人的。当时，施工条件很差，没有吊运设备，全靠人工搬运。而当时修关城所用的砖，都是在40里以外的地方烧制而成。砖烧好后，用牛车拉到关城之下，再用人工往上背。由于城高，唯一能上下的马道坡度大，上下很困难，尽管派了许多人往城墙上背砖，个个累得要死。但背上去的砖却仍然供不应求，工程进展受到了严重影响。一天，一个放羊的孩子来到这里放羊玩耍，看到这个情景，灵机一动，解下腰带，两头各捆上一块砖，搭在山羊身上，然后，用手拍一下羊背，身子轻巧的山羊，驮着

嘉峪关 >

甘肃的旅游胜地

砖一溜小跑就爬上了城墙。人们看了又惊又喜，纷纷仿效，大量的砖头很快就运上了城墙。

阳关位于河西走廊的敦煌市西南 70 公里南湖乡"古董滩"上，因坐落在玉门关之南而取名阳关。阳关，始建于汉武帝年间，在河西"列四郡、据两关"，阳关即是两关之一。阳关作为通往西域的门户，又是丝绸之路南道的重要关隘，是古代兵家必争的战略要地。

明长城遗址西起嘉峪关市嘉峪关，经酒泉、高台、临泽、张掖、山丹、永昌、民勤、武威、古浪、景泰等县，从五佛寺过黄河，在靖远县内沿黄河南岸延伸，高低起伏，一直东至山海关。甘肃境内长度约为 1000 公里，全用黄土夯筑，夯层厚 13—20 厘米。烽火台紧靠长城内侧，高 10 米以上，因黄土夯筑，俗称烽火墩，墩间距约为 5 公里，连眺相望，十分壮观。嘉峪关、山丹、永昌、古浪等市县境内保存完整，矗立在戈壁沙漠中，气势雄伟。

∧ 阳关

我爱甘肃

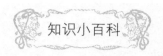

知识小百科

长城第一墩

　　长城第一墩，又称讨赖河墩，是嘉峪关西长城最南端的一座墩台，也是明代万里长城最西端的一座墩台。长城第一墩于明嘉靖十八年（公元 1539）年由肃州兵备道李涵监筑，北距关城 7.5 公里，墩台矗立于讨赖河边近 56 米高的悬崖之上。对于它的雄险，著名长城专家罗哲文先生曾经有过生动的吟咏："嘉峪关，雄险画皆难，墩堡遥遥相互望，长城道道连关山，猿臂也难攀。"在一万多华里的明代长城线上，墩台无数，密如繁星，而嘉峪关长城第一墩与河北山海关渤海之滨的"老龙头"遥相呼应，共同构筑起中华长城"龙"的首尾，成就了中华民族"龙"的美名。如果说长城是中华民族的丰碑，那么长城第一墩就是这座丰碑崛起的地方。现在，这座墩台残高约 10 米，其底部呈不规则正方形，底宽 14 米，内部仍呈正方形，长宽均为 6 米。用黄土夯筑而成，夯土层厚 10～20 厘米。"长城第一墩"碑文由已故的西路军将领魏传统题写，字迹飘逸洒脱，清秀隽永。

长城第一墩 >

甘肃的旅游胜地

第二节 丝绸之路

丝绸之路长达 7000 余公里，是自汉代以来，以武威、张掖、酒泉、敦煌四郡为中心，东西相承形成的。河西走廊通道长期以来一直是丝绸之路的重要路段，占有十分重要的地位。丝绸之路途经甘肃境内的地段，就达 1600 多公里，约占全程的 1/5，因而在甘肃留下了许多历史古迹、名人的足迹和丰富多彩的文物。丝绸之路古道上的遗迹，既是世界交通史、贸易史、经济史及民族、语言、考古、文化、民俗和艺术研究的重要资料，也成为甘肃旅游的主题节目。

一、天水伏羲庙

天水市是甘肃省第二大城市，位于甘肃东南部，自古是丝绸之路必经之地。全市横跨长江、黄河两大流域，新欧亚大陆桥横贯全境。境内四季分明，气候宜人，物产丰富，素有西北"小江南"之美称。天水是华夏文明和中华民族的重要发源地，享有羲皇故里、娲皇故里、轩辕故里的荣誉，羲皇始创八卦，天水被誉为"易学之都"。伏羲文化、轩辕文化、大地湾文化、先秦文化、三国文化、石窟文化、易学等博大精深。

伏羲庙本名太昊宫，俗称人宗庙，在天水市城区西关伏羲路。

伏羲庙临街而建，院落重重相套，四进四院，宏阔幽深。庙内古建筑包括戏楼、牌坊、大门、仪门、先天殿、太极殿、钟楼、鼓楼、来鹤厅共

我爱甘肃

天水伏羲庙 >

10座；新建筑有朝房、碑廊、展览厅等共6座。新旧建筑共计76间。整个建筑群坐北朝南。牌坊、大门、仪门、先天殿、太极殿沿纵轴线依次排列，层层推进，庄严雄伟。而朝房、碑廊沿横轴线对称分布，规整划一，具有鲜明的中国传统建筑艺术风格。由于伏羲是古史传说中的第一代帝王，因此建筑群呈宫殿式建筑模式，为全国规模最大的伏羲祭祀建筑群。又因有伏羲庙，民国以前小西关城又叫伏羲城。

先天殿又称正殿、大殿，在中院后部正中，是伏羲庙的主体建筑，巍然屹立于院子正北高1.7米的砖筑月台上。其高大雄伟的殿内，有伏羲彩塑巨像一尊。藻井顶棚正中绘太极河洛八卦图，四周等分为六十四格，内刻绘六十四卦图。先天殿后面为太极殿，又称退殿、寝殿、寝宫，依"前宫后寝"惯例而建，原供伏羲，后祀神农，建筑规模略小于先天殿。

伏羲庙各院内遍布古柏，为明代所植，原有64株，象征伏羲六十四卦之数，现存37株。挺拔苍翠，浓荫蔽日。伏羲庙大门内侧东西墙角原有古槐两株，相对而立。现存东边1株，树干中空，经鉴定为唐代所植。

甘肃的旅游胜地

每逢正月十六日伏羲诞辰日，周边群众扶老携幼，纷纷前来伏羲庙朝拜祭祀"人祖爷"。一时，宝烛辉煌，香烟缭绕，钟鼓鸣天，善男信女异常虔诚，庙内充满着一派庄严肃穆的景象。

二、武威雷台汉墓

武威市位于甘肃省中部，河西走廊的东端，东临省会兰州，西通金昌，南依祁连山，北接腾格里沙漠。古称凉州，历史上曾经是著名的"丝绸之路"要冲。

雷台汉墓属全国重点文物保护单位，位于武威市北关中路雷台公园内，是1969年由当地农民在雷台老槐树下发现的一处东汉晚期的大型砖石墓葬，因出土了文物珍宝、中国旅游标志铜奔马而著名。雷台是古代祭祀雷神的地方，因在一高约十米的土台上建有明朝中期建造的雷祖观而得名。

< 雷台汉墓

我爱甘肃

台上现存建筑有三星殿、雷祖殿、北斗七星殿、南斗六星殿、过殿、东西配殿、廊房等。1969 年，当地农民在挖战备地道时，在雷台下发现了一座东汉晚期的大型砖室墓。据马俑胸前铭文记载，此系"守张掖长张君"之墓。墓分前、中、后三室。前室附有左右耳室，中室附右耳室。墓门向东，墓室全长 19.34 米。此墓虽遭多次盗掘，但遗存尚多，是一座"丰富的地下博物馆"。墓内出土有金、银、铜、铁、玉、骨、石、陶器共 231 件。其中有铸造精致的铜车马武士仪仗俑 99 件，特别值得一提的是引人注目的铜奔马。

铜奔马高 34.5 厘米，长 45 厘米，重 7.15 公斤，它昂头嘶鸣，三足腾空，右后蹄踏着一飞鸟。马头上一撮呈流线型的鬃毛指向慧星一般的尾部。既表达了奔马风驰电掣的速度超过飞鸟，又巧妙地利用飞鸟的躯体扩大了着地面积，保证了奔马的稳定。它体型矫健，神势若飞，艺术造型优美，合乎力学平衡原理，且给人以腾云凌雾、一跃千里之感。这位东汉的无名艺术匠师以高度的智慧、丰富的想象、深刻的生活体验和娴熟精深的艺术技巧，成功地塑造了一件源于生活而高于生活、极富浪漫色彩的"天马行空"的艺术杰作。

三、张掖大佛寺

张掖以"张国臂掖，以通西域"而得名，是国家 1985 年颁布的第二批全国历史文化名城之一，位于中国甘肃省西北部，是古丝绸之路重镇，是新亚欧大陆桥的要道，河西走廊中段，古称"甘州"，即甘肃省名"甘"字由来地。大佛寺景区位于甘肃省张掖城西南隅，是丝绸之路上的一处重要名胜古迹群。

北宋仁宗天圣六年，即公元 1028 年，以今天银川一带为中心建立西夏政权的党项人，攻下了甘州；八年之后，全面占领了河西走廊。为了加强对河西的经营和管理，西夏政权积极推行了一系列的汉化政策，其中包括兴建寺院、翻译佛经的活动。到崇宗李乾顺统治时期，西夏国力鼎盛，凉州的护国寺和张掖的大佛寺都是在这一时期修建的。

大佛寺始建于西夏永安元年（1098年），原名迦叶如来寺，明永乐九年（1411年）敕名宝觉寺，清康熙十七年（1678年）敕改宏仁寺，因寺内有巨大的卧佛像故名大佛寺，又名睡佛寺，1996年被列为第四批全国重点文物保护单位。

大佛寺占地约23000平方米，坐东朝西，现仅存中轴线上的大佛殿、藏经阁、土塔等建筑。大佛殿面阔九间（48.3米），进深七间（24.5米），高20.2米，二层，重檐歇山顶。殿内有彩绘泥塑31具，为西夏遗物。其中卧佛长34.5米，为中国现存最大的室内卧佛像。卧佛后有十大弟子群像，旁有优婆夷、优婆塞及十八罗汉等塑像。藏经阁面阔21.3米，进深10.5米，单檐歇山顶。土塔原名弥陀千佛塔，为砖土混筑密宗覆钵式塔，主塔高33.37米。

寺内安放有国内最大的室内卧佛，也就是佛祖释迦牟尼的涅槃像。他安睡在大殿正中高1.2米的佛坛之上，佛身长34.5米，肩宽7.5米，耳朵

<张掖大佛寺

我爱甘肃

约 4 米，脚长 5.2 米。大佛的一根中指就能平躺一个人，耳朵上能容八个人并排而坐，可见塑像何等的庞大了。

大佛寺景区位于甘肃省张掖城西南隅，是丝绸之路上的一处重要名胜古迹群，它又是历史文化名城金张掖的标志性建筑。景区对外开放的景点有建于西夏的大佛寺、隋代的万寿木塔、明代的弥陀千佛塔、钟鼓楼以及名扬西北的清代山西会馆。寺内古建林立，古树参天，碧草成荫，环境优美。

四、酒泉安西锁阳城

酒泉市位于甘肃省西北部河西走廊西端的阿尔金山、祁连山与马鬃山（北山）之间。这里是古丝绸之路黄金地段的一颗璀璨明珠，是一片充满神奇魅力和无限生机的热土。

锁阳城是丝绸之路咽喉上的一大古城。在河西古代政治、经济、文化及军事诸方面曾起过非常重要的作用。古代锁阳城附近有一大片非常开阔的绿洲，是酒泉郡与西域联系的纽带。周围有几十处古城、古墓、石窟、寺庙，保存规模尤以锁阳城为最。

锁阳城分内外两城，外城总面积 80 万平方米，内城总面积 28 万平方米。西北角墩高 18 米，上有敌台、擂台等古代军事设施。锁阳城具有我国保存最完好的古代军事防御系统和古代农田水利灌溉系统。同时，也是古代沙漠化演进过程沧桑变化的典型标本，是中国西部古文化遗存和独特自然景观结合最为完美的旅游景点。

第三节　欣赏似画风景

一、兰州黄河景区

　　兰州旅游主要以"黄河母亲"为代表，有著名的4A风景区中山铁桥、兰州水车博览园，除此之外，兰州还有兴隆山、吐鲁沟、五泉山等森林公园。

　　中山桥又被称作"天下黄河第一桥"，最初叫"黄河铁桥"，1942年为纪念孙中山先生而改为"中山桥"，位于滨河路中段，白塔山下，是

< 兰州黄河母亲雕塑

我爱甘肃

九曲黄河上最早的一座真正意义上的桥梁。据记载，黄河铁桥从清光绪三十三年（1907年）二月开始修建，宣统元年（1909年）七月竣工，历时近两年半。黄河铁桥长233.5米，总宽8.36米，其中车行道宽6米，两边人行道各宽1米。1954年，兰州市人民政府对铁桥进行了整修，将原有的梯形拱架换成了5座弧形钢架拱梁及铁板桥面。现在中山桥的观赏价值、历史和文物价值已远远大于它的交通价值，并于2004年成为步行桥，成为兰州旅游的标志性建筑。

兰州水车博览园为国家4A级旅游景区，由水车园、水车广场和文化广场组成。南大门为木架结构，匠心独运，形似双山，它分别象征着兰州的南山和北山；左边的水池象征黄河。水车广场荟萃中外风格迥异的数十轮水车，是世界水车文化最丰富的主题公园。文化广场有一排展示兰州民族史、黄河奇石与旅游纪念品的汉唐建筑群，错落有致，古朴典雅，在这个建筑群里，有一座七级塔楼，名为"览车塔"。登上览车塔黄河美景尽收眼底，水车雄姿一览无余。

二、甘南草原

　　甘南藏族自治州则有成县鸡峰山、文县天池等景区，甘南草原更是美不胜收。甘南草原位于甘肃省西南部，海拔多在 3000 米以上，主要分布在玛曲、夏河、碌曲三县境内，是一片人类与自然和谐共处的世外桃源。甘南玛曲草原位于甘南自治州西南部的玛曲县，黄河在这里从西北出境，西南入境，形成九曲中的第一大弯曲。在这黄河首曲上，有著名的西梅朵合塘（意为花滩），是黄河首曲最大的生态湿地，曾被称为"亚洲第一牧场"。草原上面积达 16.2 万亩的尕海湖，是甘南高原藏族人民心目中的"圣湖"。除玛曲草原外，桑科草原也十分著名，桑科草原历来是藏族人民的天然牧场。

　　甘南藏族自治州自然风光独特，因少数民族聚居，而风土人情各异，旅游资源非常丰富，在这里尤其可以尽情领略藏族牧民的民俗风情。

<甘南草原

我爱甘肃

三、田家沟生态风景区

　　田家沟水土保持生态风景区位于甘肃省泾川县城西北部，是泾川县水保局在田家沟流域水土保持综合治理的基础上建设的一个以地文景观为主、人文景观与休闲娱乐相结合，集生态旅游、文化展现、休闲度假和科技示范为一体的生态风景旅游区。经过多年水土保持生态建设，已成为风景似江南的美妙世界。景区自2004年4月正式开业运营以来，先后被国家水利部和国家旅游局命名为"国家水利风景区"、"国家AAA级旅游风景区"，2007年3月被国家水利部命名为"全国第一批水土保持科技示范园区"。2010年4月，景区成功通过国家旅游局终评验收，认定为国家AAAA级旅游风景区，2010年9月科技示范园区建设通过水利部中期评估，达到优秀水平。

田家沟生态风景区 >

甘肃的旅游胜地

景区内有亿年地质构造层、千年土箭群 2 处自然景观，民居式别墅、仿古式综合服务楼、陇东民俗窑洞、田园山庄、王家山庄等休闲服务场所 5 处，建成演艺休闲广场、水保科技示范园、体育休闲中心、休闲生态屋、观光果园、珍稀植物园、珍奇动物园、垂钓中心、水上乐园、狩猎场、跑马场、蒙古营、沙滩浴场、中心人工湖等人文景观 14 处，造型园林、亭台楼阁、假山叠石、古桥石廊等园林景观 20 多处，形成了珍稀植物展示区、水上垂钓游乐区、水保科技示范区、特色畜禽养殖区、综合服务接待区、无公害果蔬观光区、民俗风情展演区等 8 个游乐功能区，开设垂钓狩猎、划船登山、戏水踏浪、骑马攀岩、动植物观赏、儿童游乐、风味小吃、茶艺表演、地方民俗、会议接待、停车住宿等服务项目 20 多个。

四、崆峒山风景区

崆峒山位于甘肃省平凉市城西 12 公里处，景区面积 84 平方公里，主峰海拔 2123 米，集奇险灵秀的自然景观和古朴精湛的人文景观于一身，具有极高的观赏、文化和科考价值。

崆峒山由大小数十座山峰组成，主峰马鬃山（也称绝顶）海拔 2025 米。主峰之后有翠屏山，是崆峒山最高峰，海拔 2123 米。泾河和胭脂河回护前后，交汇环抱于突兀耸立的望驾山下。崆峒山由上三迭系紫红色坚硬砾岩构成，是年代古老的丹霞地貌。中台被切割形成北台、东台、南台、凤凰岭和灵龟台等，顶平、身陡、麓缓。山上曾发现齐家文化遗址，说明在三千年前就有先民生活在这里。

崆峒山属六盘山支脉，是天然的动植物王国，有各类植物 1000 多种，动物 300 余种，森林覆盖率达 90% 以上。其间峰峦雄峙，危崖

崆峒山 >

耸立，似鬼斧神工；林海浩瀚，烟笼雾锁，如缥缈仙境；高峡平湖，水天一色，有漓江神韵。既富北方山势之雄伟，又兼南方景色之秀丽。凝重典雅的八台九宫十二院四十二座建筑群七十二处石府洞天，气魄宏伟，底蕴丰厚。

秦汉时期，崆峒山开始有了人文景观。历代陆续兴建，亭台楼阁，宝刹梵宫，庙宇殿堂，古塔鸣钟，遍布诸峰。明、清时期，人们把山上名胜景观称为"崆峒十二景"：香峰斗连、仙桥虹跨、笋头叠翠、月石含珠、春融蜡烛、玉喷琉璃、鹤洞元云、凤山彩雾、广成丹穴、元武针崖、天门铁柱、中台宝塔。近年来，新修了法轮寺、卧观平凉、观音堂、通天桥、飞升宫、王母宫、问道宫等景点35处，基本恢复了历来所称的"九宫八台十二院"中42处建筑群。

崆峒山1994年1月被国务院列为国家重点风景名胜区。2000年12月被国家旅游局首批通过为国家AAAA级旅游区。崆峒山以其丰富的历史文化内涵和奇险灵秀的自然景观，成为丝绸之路旅游热线上的一个亮点。

　　　　　　　　　　　　　　　　　　　　甘肃的旅游胜地

四、天井峡景区

在定西市石门水库的后面，有一处纯朴自然、不事修饰的奇异妙境的净土，这就是横亘十里的史前峡谷天井峡，一座座陡峭的山崖相对挺立，中开一缝，就像大锯解开的板缝，当地山民又叫它解板沟。大自然的神工鬼斧造就出这一片刀削斧劈似的奇山绝境，人们说它是神仙造出来的。

天井峡内共有20多个景点：腰崖寺、金顶、狮象崖、公母窟、子母峰、倒爬崖、透圈子、歇佛崖、马窟湾、天马窟、仙女屏、淋仙瀑、饮马崖、天城堡、小麦积、水帘洞、香子圈、天井、卧龙潭、洞庭湖、黑鹰膀、马鸡场、南天门、石马桩、金刚山、五咀崖、钻天崖等。这一座座形体不同的石峰崖柱，有的独成一峰、无依无托，有的并肩相靠、亲亲热热，有的像高楼，有的像麦垛，有的像奔跑的猛兽，有的像俯冲的雄鹰，有的像翩翩起舞的仙女。这里的山形乍一看是一体的悬崖陡壁，随着游人的移动，

<天井峡景区

我爱甘肃

又在不断变化。从谷底仰望惊险绝奇，从山顶俯视，更是层层叠叠，多姿多彩，好似绽开的绿色花瓣。

这里的水，也是秀美奇妙的，岩壁上挂着水珠，石缝间渗着水珠，草尖上捧着水珠，迎着阳光，晶莹闪亮。山顶端一处冷泉，从悬崖上飞扬而下，垂成千尺白练。峡谷里欢跃的浅溪，从两崖空间奔来，汇成湍急的小河，将谷底冲刷成几米深的石槽，飞跌而下，旋成明镜般的深潭，清彻见底，泛绿映蓝，五彩缤纷。十五里峡谷，十五里画廊，充满奇、险、壮、绝、清、秀、幽、静、古、野的情趣，令人目不暇接，美不胜收，依依恋恋，流连忘返。

天井峡，除了山奇水美以外，还有许多奇花异草和珍奇野生动物，主要有獐、鹿、西门麟、野牛、金钱豹、蓝马鸡、娃娃鱼。

第四节　追踪红色革命情怀

一、红军长征遗迹

甘肃具有光荣的革命传统，甘肃是红军长征经过地域最广、时间最长、过境部队最多的省份，是中国工农红军二万五千里长征胜利的结束地，也是中国西部最早红色革命政权的诞生地，更是红军西路军悲壮历史的见证地。无数革命先辈所留下的艰苦奋斗、百折不挠的历史，为甘肃遗留下了众多宝贵的革命遗产。

会宁县是中国工农红军长征中的"四大聚焦点"（出发点瑞金、转折点遵义、汇合点会宁、落脚点延安）之一，红军在会宁地区实现大会师，标志着长征胜利结束，使得处于低潮的革命形势出现重大转折。甘肃有打开红军通往陕甘革命根据地胜利之门的迭部天险腊子口战役遗址，各路红军在甘肃进行过数十次重大战役战斗，有超过万名的红军将士为革命事业献身陇原大地。

　　哈达铺会议决定了红军长征最终去向和目的地，中共中央政治局在此对事关中国革命前途命运的重大问题做出决断。甘肃还有陕甘宁边区最早的红色革命政权——华池南梁苏维埃政权遗址。此外，甘肃还有在中国革命历史上占据重要地位的岷县三十里铺"岷州会议"遗址、迭部"俄界会议"遗址、通渭县"榜罗镇会议"遗址、静宁"界石铺会议"遗址、泾川县红25军四坡战役遗址、环县山城堡战役遗址，及洒满红军西路军热血的景泰索桥渡口遗址、靖远虎豹口渡口战役遗址、古浪县横梁山战役遗址、武威市永丰战役遗址、临泽县倪家营战斗遗址、高台战役遗址、肃南"红窝山会议"遗址、安西红西路军纪念碑等众多红军西路军革命遗址。

　　今天，这些革命圣迹仍基本保存完好，已成为进行革命教育，追思先烈、缅怀英灵的胜地和开展"红色旅游"的理想之地。

二、红军长征界石铺纪念园

　　中国工农红军长征界石铺纪念园位于静宁县界石铺镇继红村，界石铺是中国工农红军第二十五军和红一、二、四方面军长征途经的主要地区和中央战略部署中确定的三大主力红军会师的有利中心"基点"，留下了毛泽东、周恩来等一代开国元勋和数万红军将士的历史足印，在中国革命史上谱写了浓墨重彩的一笔。整个纪念园占地35亩，主要建筑有纪念馆、

我爱甘肃

南大门、红色记忆长廊、宣传教育中心、管理接待中心、毛泽东旧居、红军楼等，由著名建筑设计大师左国保规划设计，陈列有长征时期珍贵图片、实物、文物资料千余件，并运用现代艺术表现手法和声光电技术，真实再现中国工农红军长征中可歌可泣的历史场景。

纪念园现为全省爱国主义教育基地、中共党史教育基地、国防教育基地和全国30条红色精品旅游线路中的知名红色旅游景区。

三、高台县烈士陵园

高台县烈士陵园位于甘肃省高台县城东，坐东向西，总面积6万多平方米。1936年10月中国工农红军三大主力一、二、四方面军于甘肃会宁胜利会师后，红五军、红九军、红三十军 21000 多人奉命组成"西路军"到达张掖一带。1937 年元旦拂晓，红五军军长董振堂率 3000 多将士攻克高台城，建立了县苏维埃政府。1 月 12 日尾随而至的国民堂马步芳部队，纠集近 20000 的兵力，在飞机、大炮的配合下围攻高台城。红五军指战员浴血奋战 8 天 7 夜，20 日城破，又血战 10 余小时，除个别人员突围外，董振堂、杨克明及 3800 多人壮烈牺牲，为了纪念在高台战役中献身的红军指战员，1952 年建立了高台烈士陵园。

陵园正门上方镌刻着朱德亲笔题写的"烈士陵园"4 个大字，正门背面镌刻着郭沫若同志亲笔所题"浩气长存"4 个大字。正门南北两侧是董振堂和杨克明的汉白玉雕像。"烈士纪念堂"是洪学智亲笔所题，堂前几幅油画再现了战士们在枪林弹雨中同马步芳军浴血奋战的场面：攀上城头的敌人被大刀砍落，有的紧抱敌人跳下城墙，同归于尽；弹药耗尽后用石头砸、拳打口咬……英勇悲壮，气贯长虹。纪念堂南北两侧分别是董振堂烈士纪念亭和杨克明烈士纪念亭，董振堂纪念亭的大红木柱上的挽联是："宁都豪气千秋在，高台雄风万古传"，杨克明纪念亭的挽联是："三过草地心犹壮，一死高台志未移"。纪念堂后面是中国工农红军四方面军第五军阵亡烈士公墓，这里掩埋着先烈们的尸骨。

陈列馆在陵园内北侧，馆内大厅正面为毛泽东手书"共产主义是不可抗御的，星星之火可以燎原，死难烈士万岁"；东西两侧有朱德、李先念、徐向前等老一辈无产阶级革命家的亲笔题词，整个馆室由"红军西征展室"和"血战高台展室"两部分组成。

我爱甘肃

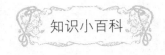

中国工农红军西路军纪念馆

全国红色经典景区之一，全国爱国主义教育基地。

中国工农红军西路军纪念馆坐落于高台县城东南角，坐东向西，是全国百家红色经典景区之一。自 1957 年建成以来，经过历次维修和改建、扩建，目前整个园林占地总面积已达 133 亩。它的前身是高台烈士陵园，是为了纪念红西路军第五军阵亡将士于 1957 年经国务院批准建立的，园内烈士公墓掩埋着红西路军转战河西、血战高台而壮烈牺牲的红五军军长董振堂、政治部主任杨克明等 3000 多名革命烈士的忠骨。它是纪念红西路军 21800 多名将士为中国革命胜利而浴血奋战、顽强不屈精神的重要场所。

∧ 红军烈士雕塑

甘肃的旅游胜地

第五节　品味文化景观

一、敦煌莫高窟

敦煌莫高窟坐落于敦煌城东南 25 公里处的大泉河谷里，南北长约 1600 米。重重叠叠的洞窟嵌在刀削斧劈的断岸上气势宏伟壮观。莫高窟创建于前秦建元二年（366 年），历经十六国、魏晋南北朝、隋、唐、五代、宋、西夏，到元朝终止营造。在唐朝武则天时代建造的洞窟已达到 1000 余龛。

<敦煌莫高窟

我爱甘肃

莫高窟壁画 >

因此，莫高窟俗称千佛洞，虽然经过千百年自然和人为的破坏，但至今仍保存洞窟 492 个，珍存壁画 45000 多平方米，彩塑 2400 余身，是世界上现存规模最大、保存最完好的佛教艺术宝库，是全国重点文物保护单位。联合国科教文组织将其列入世界文化遗产保护项目。莫高窟的建筑艺术完整地保存了千百年来的建筑形式，其中不少洞窟是我国绝无仅有的古建筑杰作。彩塑为敦煌艺术的主体，在石窟中占据着主要位置，塑像与西壁、顶部的壁画和地面上的莲花砖，构成了一个充满宗教氛围的佛国天堂。莫高窟最引人注目的就是数量最大、内容最多、色彩最鲜的壁画艺术，现存壁画 45000 多平方米，是一座巨大的美术陈列馆。壁画内容丰富，形式多样，各个朝代不同的绘画风格，构成了一部中国古代美术史。

　　莫高窟 1961 年被国务院首批列为全国重点文物保护单位；1987 年被联合国科教文组织列入世界文化遗产保护项目，并于 1991 年授予"世界文化遗产"证书。

甘肃的旅游胜地

二、炳灵寺石窟

　　炳灵寺石窟是我国石雕艺术延续时间最长的石窟之一，因保存有中国石窟最早期、中期和最晚期的壁画和石雕，其内容非常丰富，题材十分广泛，被誉为"中国石窟的百科全书"，在我国石窟艺术中占有非常重要的位置。炳灵寺最早叫"唐述窟"，是羌语"鬼窟"之意。石窟分上寺、洞沟、下寺三处，分布在大寺沟两侧的红沙岩上，洞窟层层叠叠，栈道曲折盘旋而上。现保存西秦、北魏、北周、隋、唐、元、明、清窟龛183个，大小石雕像近800尊，分石雕、石胎泥塑和泥塑3种，壁画约900平方米。唐代作品约占2/3，艺术造诣精湛，造型丰满潇洒，富有朝气和生命力，其中169窟开凿于一天然石洞中，规模最大，据说就是唐述窟，内有精美的西秦造像，造型刚健挺拔，栩栩如生。炳灵寺最为典型的是石雕像、浮雕佛塔和密宗壁画艺术，与莫高窟和麦积山石窟并称为甘肃三大石窟。

< 炳灵寺石窟

我爱甘肃

三、麦积山石窟

　　麦积山石窟为中国四大石窟之一，其它三窟为：敦煌莫高窟、龙门石窟、云冈石窟。在如此陡峻的悬崖上开凿成百上千的洞窟和佛像，在中国的石窟中是罕见的。麦积山石窟属全国重点文物保护单位，也是闻名世界的艺术宝库。现存佛教窟龛194个，于东、西崖分布有54个、140个。麦积山石窟，原是一个完整的山体，唐开元二十二年，天水一带发生强烈地震，使崖面中间部分塌毁，整个窟群便分为东崖和西崖两部分。

　　麦积山历史悠久，早在1600年前就享有盛名。五代人撰写的《玉堂闲话》中说："麦积山者，北跨清渭，南渐两当，五百里冈峦，麦积处其半，崛起一石块，高百丈寻，望之团团，如民间积麦之状，故有此名。"大部分学者认为麦积山石窟是随着丝绸之路的畅通，从十六国后秦时期开始营造的，后来历代都不断地进行开凿和修缮，现存造像中以北朝造像原作居

麦积山石窟 >

　　　　　　　　　　　　　　　　　甘肃的旅游胜地

多。麦积山塑像，主要题材有佛、菩萨、弟子、天王、力士等，尽管各代塑像同处一堂，但并不因袭模仿，而是保持着各自的时代特色，系统地反映了我国泥塑艺术的发展、演变过程。麦积山塑像有数千身，东崖造像，最壮丽的是4号窟上七佛阁。7间佛龛里有42尊菩萨塑像，神态庄严可亲，华美而不俗，充满着人间善良、慈祥和世俗的感情。各龛之间都装饰着天龙八部的浮塑，面容狞怪而不丑恶，表现了男性的健美、威严、正直、勇猛、坚毅的性格。与上七佛阁紧接的5号窟，名曰"牛儿堂"，中间龛门前有一摩醯首罗天，站在一只卧着的犊牛身上。这个牛儿，塑造得相当动人：圆圆的眼，顽皮地注视前言，脚虽蟠曲着，却似乎要跃起的样子，松弛的颈上垂着的皮，也像在动着，不仅身形姿态具备了牛的特征，最出色的是把一只犊牛所具有的稚气和活泼表现出来了，当地农人非常喜爱，称为"金蹄银角的牛娃"。在牛儿堂西端有一可容一人通过，长约10米的隧道，门顶刻有："小有洞天"四个字。相传在明朝古历四月初八的一天，秦州有个州官，游麦积山庙会，一时兴起，想从七佛阁的摆渡铁链上，用鹞子翻身的纵跃姿势，游荡到牛儿堂去，居然成功了。可是当他站稳在牛儿堂，定睛向下观看，只见悬崖陡立，山谷人群如同蚂蚁，顿时头晕目眩，腿软抖战，再也不敢迈步了。众衙役只得火速请来一群石匠凿开了一个小洞，州官才从洞里爬了过来，至今当地还有"鹞子翻身，牛儿堂"的说法。

我爱甘肃

第六节 领略民族风情

一、西北之魂甘肃花儿

花儿是广泛流传于甘、青、宁及新疆四省区的回、汉、土、东乡、保安、撒拉、藏、裕固等8个民族独具风格的民歌，具有高亢嘹亮、挺拔明快、激越动听的特色。花儿一律使用当地汉语方言，只能在村寨以外歌唱的山歌品种，通称"野曲"（与"家曲"即"宴席曲"相对），又称"少年"。"花儿"最早是起源于甘、宁、青一带少数民族的情歌，早在清乾隆时代

甘肃花儿 >

甘肃的旅游胜地

就负有盛名。其传唱分日常生产、生活与"花儿会"两种主要场合，"花儿会"是一种大型民间歌会，又称"唱山"。

清代临洮诗人吴镇曾有"花儿饶比兴，番女亦风流"的赞语。"花儿"由于流行地区的不同，被分为临夏"花儿"和洮岷"花儿"两大派，两派又根据其结构、格调、唱法的不同分为诸多分支。

有首花儿曾这样唱道："花儿本是心上的话，不唱是由不得自家；刀子拿来头割下，不死了还这个唱法"，直率地道出了花儿的本源。花儿的内容大体可分为三种：一是情歌，二是生活歌，三是本子歌。"花儿"本

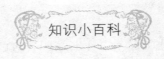

知识小百科

二郎山花儿会

　　二郎山花儿会最早源于岷县的祭神赛会，据考证其形成时间为明代。每年农历五月初分布在境内的18位湫神（龙神）全驾出巡，全程巡域，位于其巡行路线上的村庄分会定点祭祀，祈祝丰收，这样在祭祀地点便形成点蜡、求神、发愿、唱花儿的大小会场达40多处，其中心五月十七二郎山花儿会的规模最大。祭祀当天午后，18位湫神依次被抬上二郎山接受官祭，同时祭祀群众赛唱"洮岷花儿"，其时赛会参与人数达十余万，场面极其热烈。所唱"洮岷花儿"，分南北两派，南路派花儿又叫"阿欧怜儿"，演唱粗犷高亢，具有原始美的显著特点；北路派花儿又叫"两怜儿"，曲调自由舒缓，长于叙事。"洮岷花儿"除了具有音乐价值和即兴演唱价值外，歌词的文学价值也极高，它与湫神祭祀一样，凝聚了劳动人民的智慧，是研究岷县社会发展历史和民俗文化的宝库。由于历史原因，湫神祭祀古风犹存，但上山官祭仪式却面临濒危，有待进一步保护。近几年，由于岷县县委、县政府的努力，"洮岷花儿"被联合国教科文组织授予"联合国民歌考察基地"荣誉称号。

我爱甘肃

身在创始阶段以谈情说爱为主要目的，情歌涉及到爱情的各个方面，或沉痛悲怆，或直露坦率。随着时代的变迁，"花儿"也开始对爱情以外的社会生活有了反映，并且取材空间在不断拓展，譬如"上去个东山者往下看，临洮城修了个美观；高楼大厦者连成片，活像个锦绣的花园"。

花儿唱词一般取材于古代历史、神话、传说和故事，有《三国演义》《水浒》《封神演义》《孟姜女哭长城》等，还有《十二月念情》《十二月牡丹》《熬五更》等等。"本子歌"大多是依据一定的历史文本和现有材料，连缀成篇，实际上是借花儿之体，传历史与现实的时代之魂，同时也在一定程度上宣传并普及了与生产、生活息息相关的文化知识和道德观念。

花儿是广大群众自我表现、自我娱乐的最好形式。临洮举行的花儿会据统计有近30处。每年的农历三月二十八日紫松山花儿会便拉开临洮众多花儿会的序幕，又在农历六月六日将莲花山花儿会推向高潮。有的花儿会一连举行三天，歌手云集，通宵达旦。有一首花儿形象地道出了花儿会的盛况："风刮杨柳树摆呢，莲花山上浪歹呢，花儿唱成大海呢。"飞旋的歌声在山野沟谷间回荡，构成了一幅浓郁的民情画。

二、苦水舞动高高跷

在永登县苦水街，有一种高跷，其高度达到3米多，足有一层楼房那么高，因此，人们把这种高跷叫作高高跷。在苦水街，高高跷表演艺术是当地一门祖辈相传的民间表演艺术，表演者穿上传统的戏剧服装，画上秦腔剧中人物的脸谱，拿上道具，踩上高高跷，排成长队，在太平鼓队强大阵容的引导下上街表演。它的表演历史极为悠久，相传从元末明初就已开始，其起源历史距今已经有700余年。民间艺术瑰宝国家级非物质文化遗产保护项目的民间杂技——苦水高高跷，经几百年演变，苦水街高高跷由

甘肃的旅游胜地

原来的两三尺增至现在的三四米。苦水镇分为南街和北街，自古以来，高高跷就是农历二月二龙抬头社火中一个传统的保留节目。在社火表演的时候两条街上的乡亲们相互竞争踩高跷，比赛谁更高，高度最终达到3米多。

永登县苦水镇苦水街至今还保留着古老而独具特色的高高跷傩社火艺术，这种傩社火共举行4天。第一天正月三十迎接高高跷天神；第二天傩社火表演队练踩高高跷，分配角色，有天将、神帅、王朝、马汉等；第三天高高跷傩社火出街游行，场面十分热闹；第四天是苦水街闹高高跷傩社火收场之日，此日下午要举行倒幡杆与倒踩表杆仪式。

苦水高跷的突出特点是它的高，一般在9尺到1丈那么高，也就是说有3米多高，加上表演者的身高，苦水高高跷可达4.7米—5米。制造高跷的材料，是上好的松木，脚蹬用柳木。高高跷表演连演3天，每天都有5万—6万人前去观看，场面极为热闹有趣。苦水街高高跷主要以传统秦腔本戏为主要表演内容，表演时表演者穿上传统的戏剧服装，画上秦腔居中人物的脸谱，拿上道具，排上长队，凌空飞舞，充满刺激。踩高跷的人数多少，由剧中人物多少决定，剧中人物多，踩高跷的人就多，人物少，踩高跷的人就少。传统中踩高跷都是男子的专利，而现在，苦水街的青年女子也加入踩高跷的行列，给这个苦水高高跷增添新的色彩。

<苦水高高跷

我爱甘肃

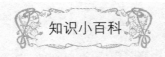

苦水高高跷的传说

苦水高高跷也有一个有趣的民间传说：苦水街东有一道长山岭，形象酷似一条巨龙。在明代以前，这里和大通河流域一样，山青水秀，绿树成荫。相传元末时期，朱元璋的军师刘伯温途经苦水时，发现长山岭是一道长龙，当即斩断了龙身，赶走了龙魂，至今长山岭还有"斩龙岘"的地名纪念此事。刘伯温斩断龙脉后，长山岭和整个庄浪河流域的绿色植被就枯萎了，成为荒山秃岭。苦水街的人们为了记住这一历史悲剧，盼望龙魂回归，龙体合身，让长山岭和庄浪河流域重披绿装，就从元末明初开始兴起了二月二闹社火的习俗，而苦水高高跷也就是从那时起逐渐形成的。

苦水街的高高跷毕竟是一项充满刺激的高难度、危险性较大的民间非物质文化遗产项目，尽管不愁后继乏人，但面临的问题很多，比如：高高跷艺术资料的挖掘整理、表演者的人身保险、表演道具服饰以及场地等，这些都需要民间、政府等各方面的大力支持。

三、甘南藏族锅庄舞

锅庄舞是一种无伴奏的集体舞。在迪庆香格里拉，有的地方称锅庄为"擦拉"（意为玩艺），在部分地方称锅庄为"卓"（意为舞蹈）。它是随着藏民族生产生活的发展变化而产生变化的，因此，锅庄舞有打青稞、

< 锅庄舞

捻羊毛、喂牲口、酿酒等劳动歌舞，有颂扬英雄的歌舞，有表现藏族风俗习惯、男婚女嫁、新屋落成、迎宾待客等歌舞。

　　锅庄舞有古旧锅庄和新锅庄之分。古旧锅庄带有祭祀性质，宗教界和老人大都比较喜欢此调，歌词内容和舞步形式等都比较古老，如《莲花生大师的诞生》、《建立桑耶寺》、《金碧辉煌的寺院》、《银光闪烁的王宫》、《福气财运降此地》、《丰收啊丰收》等。跳这种舞时，只能唱专用歌词，不能改动，舞蹈一般都具有缓慢、稳健、古朴、庄重的特点。

　　新锅庄的歌词内容、舞姿都比较灵活，多反映生产劳动、农牧业生产的发展和经商贸易活动，如《北方大草原》、《白瓷碗里聚三色》、《在金坝子的上方》等，新锅庄是青年人喜爱的歌舞。

五、探秘永靖傩舞戏古羌人文化习俗的遗存

　　傩舞傩戏流布于永靖县的许多乡村，特别是西部山区的杨塔、红泉、王台等地。傩活动主要在汉族和土族居住区的福神庙举行：素有"上七庙，下六庙，川里还有十八庙"之称。

我爱甘肃

所谓的上七庙就是指会坛在树湾的九龙庙、车家庙、五云山庙、朱山庙、坛子庙、红泉庙、董家山庙。下六庙是会坛在三角坛的果园四庙、余宋二庙、周何二庙、焦銮庙、三角庙。"川里还有 18 庙"：是指原永靖县城莲花城驻地白塔寺川一带，因刘家峡水库蓄水被淹没，有的后靠，有的迁往三塬、北塬桥寺、先锋等乡村，至今有面具、有"跳会"活动的三塬镇下塬庙、上金家庙，先锋乡潘家、鳌头庙等。

　　每座庙里分别供奉着"九天圣母娘娘"、"清源妙道真君"、"普天同聚龙王"等神像。坐神为泥塑，游神为木刻，乘在轿子里。面具（俗称"脸子"）有的庙里 18 副、有的 36 副不等。最古旧、最精致的要数杨塔乡胜利村焦銮庙，庙里还有"迎神旗"、木制的刀、枪、剑、戟等道具。

　　傩历史非常悠久，最初起源于羌人的原始狩猎活动，也就是人们所说的"面具狩猎法"。羌人是一个古老的少数民族，即西羌，本出自三苗羌姓，舜徙之于三危（今敦煌一带），这是西羌的开始。后来他们逐渐发展壮大，在甘肃、青海、四川等地游牧，至今在四川境内还生活着羌族。

　　永靖地处青藏高原和黄土高原的过渡地带，是中华民族黄河文化早期的发祥地和传播地之一，也是古代羌人活动的重要地区。至今永靖境内还保存着大量的古代羌人习俗。据明《河州志》记载和永靖民间传说：古时，永靖黄河以南地区气候凉，无夏粮。每当河北地区麦熟时，河南的吐蕃人乘天黑之机，渡河来抢收麦子。当地人便想出一个对付的办法：戴上牛头马面的面具来进行吓唬，吐蕃人见之以为是神兵天将相助，慌忙逃回南岸，再也不敢来抢收麦子了。从此，每当丰收年景，这里形成了戴面具跳会的习俗，一直流传至今。永靖傩舞的起源与古代羌人的关系非常密切。杨塔乡在黄河三峡炳灵湖北岸，距县城西南 20 余公里。古羌人信奉原始的巫教，他们以白石、羊角为图腾。有专家认为，至今永靖一些乡村有死人后祭奠时，不吃荤、不戴孝、不恸哭的习俗，这其实就古羌人习俗的遗俗。据记载，羌人有"以战死为吉，病终为不祥"的尚武观念。袁宏《后汉纪》谓西羌："男子兵死有名，且以为吉。"死后才能升入天堂，故此并不认为死亡是

甘肃的旅游胜地

很悲痛的事，由此，自古羌兵骁勇善战，如三国时马超所率的西羌兵，就非常骁勇善战。同时，永靖有些山区的路口还留存着古老的神树，有些人家还供奉着羊头人身的家神，这也是古羌人习俗的遗存。

永靖傩舞队由会首、旗手、锣鼓、面具等60多人组成。4名会首，一般都是跳会的能手。他们身着八卦衣，手握"开天斧"，走在队形最前面。旗手们头戴红缨鞑帽、身穿长袍彩服，随着会首的方位变化，口中不时地发出"好好呀呀、好好呀呀"的喝声。锣鼓奏"舞会"音乐。旗手的队形变化有"三回九转"、"跑大圈"、"跳方阵"等。"面具是傩文化的一个重要特征。"永靖的傩舞中的脸子（面具）有刘备、关羽、张飞、周仓、曹操、蔡阳、吕布、貂蝉、三眼二郎、李存孝、笑和尚、阴阳、猴、老虎、牛、马及红、绿二鬼等24面，永靖傩舞在不同的地方形成了不同的风格特色。永靖民谚云："松树湾的《武将》、焦家庙的《杀虎将》、三角庙的《独戏》、果园四庙的《四不像》。"

<永靖傩舞

第七章

继往开来的新甘肃

　　最近 10 年，是甘肃综合实力提升最快、城乡面貌变化最大、社会建设成效最好、人民群众得到实惠最多的时期。站在新的历史起点上，甘肃政策机遇集中叠加，利好效应逐步释放，为甘肃的后发赶超和转型跨越提供了难得的历史机遇。甘肃的转型跨越发展必将迈上一个新的台阶，建设幸福美好新甘肃的壮丽画卷定会更加光彩夺目，与全国同步进入全面小康社会的宏伟目标必将早日实现！

∧ 兰州新貌

我爱甘肃

第一节　经济建设，打造工业强省

　　甘肃省努力以科技为引领，力争打造工业强省，壮大企业规模。近几年在国家西部政策的扶持之下，发展迅速，人民生活水平迅速提高。现在甘肃省同时依托资源和产业优势，培育发展新能源、新材料、新医药、生物制造、信息技术等战略性新兴产业。甘肃坚持利用高科技和先进技术改造提升石油化工、冶金有色、建材等传统产业，振兴石化通用设备制造、机械电工电器设备制造、汽车及专用设备等装备制造业，加快发展农产品加工业，力争在 2015 年，全省规模以上食品工业增加值达到 360 亿元以上。

第二节　能源基地建设

　　甘肃省的目标设定在：第一，建设陇东国家大型能源基地建设工程，建设陇东亿吨级国家大型煤炭和煤电化基地。力争"十二五"煤炭生产能力达到 5000 万吨以上，形成 1200 万千瓦火电装机、800 万吨炼油、100 万吨以上煤化工生产能力。

　　第二，建设兰州国家战略性石化基地工程，新增原油加工能力 2000 万吨，扩建兰州石化现有乙烯装置达到 100 万吨，新增乙烯生产能力 100 万吨。

　　第三，建设千万千瓦级新能源建设工程，建设以酒泉为重点的河西风能、太阳能基地，全省风电装机规模达到 1700 万千瓦以上，太阳能装机 100 万千瓦以上，配套建设大型火电及超高压直流电网送出工程，甘肃省将成为中国的能源大省。

第三节　文化建设，打造文化大省

　　甘肃省是一个文化资源大省，但目前还不是一个文化大省。实现社会主义文化大发展大繁荣，为甘肃建设文化大省指明了方向。甘肃以建设文

我爱甘肃

知识小百科

舞剧《大梦敦煌》

　　舞剧《大梦敦煌》是一部富于传奇色彩的四幕舞剧，以敦煌艺术宝库的千百年创造历史为背景，以青年画师莫高与大将军之女月牙的感情历程为线索，演绎了一段可歌可泣的爱情故事。该剧自首演至今，已获得中宣部"五个一工程奖"、中国舞蹈"荷花奖"、中国"文华奖"等多个奖项。更为难得的是，该剧几年来受邀在欧美多个国家进行巡演，盛况空前，在中国原创舞剧作品中首屈一指，使得《大梦敦煌》已成为中国原创舞剧中的顶级之作，民族舞剧的经典之作。

　　截止到2012年4月份，舞剧《大梦敦煌》演出已经整整12年。从兰州大剧院获悉，自2000年首演至今，《大梦敦煌》已在全国40多个城市和6个国家精彩上演，累计演出960场，票房收入超过一亿元，成为中国舞剧"多演出、多产出"的成功范例。

∧ 《大梦敦煌》

继往开来的新甘肃

∧ 甘南黄河水源补给区

化大省为目标，加快发展文化事业，培育发展文化产业，发挥敦煌文化、丝路文化、地域民族文化等特色文化资源优势，突出文化积累，加强文化保护。另外，甘肃以兰州创意文化产业园、庆阳农耕和民俗文化产业园、临夏民族文化产业园和丝绸之路文化产业带建设为主体，优化文化产业布局，深入挖掘"读者"、"丝路花雨"、"大梦敦煌"等知名品牌的商业价值，推进甘肃特色文化产业发展。甘肃努力加强社会主义精神文明建设，弘扬甘肃精神，营造良好的社会和谐氛围。

甘肃还努力搞好特色文化旅游基地建设工程，加强文化遗产、文物保护、文化园区和旅游景区基础设施建设，打造"321"精品旅游线路，将旅游业培育为战略性支柱产业。

我爱甘肃

第四节　生态建设和环境保护

　　甘肃省努力构建以甘南黄河重要水源补给生态功能区、"两江一水"流域水土保持与生物多样性保护区、祁连山冰川与水源涵养生态保护区三大生态安全屏障，加快敦煌文化遗产保护区等生态建设工程等，建立以"一带三区"和"三屏四区"为主体的生态安全战略格局。"一带三区"即以沿黄农业产业带、河西农产品主产区、陇东农产品主产区、中部重点旱作农业区为主体的农业战略格局。"三屏四区"指的是构建以甘南黄河重要水源补给生态功能区为重点的黄河上游生态安全屏障、以"两江一水"流域水土保持与生物多样性保护区为重点的长江上游生态安全屏障、以祁连山冰川与水源涵养生态保护区为重点的内陆河生态安全屏障，加快敦煌生态环境和文化遗产保护区、石羊河下游生态保护治理区、黄土高原丘陵沟壑水土流失防治区、北山荒漠自然保护区建设。

附　录　兰州赋唱五千年

岳逢春撰

　　兰山巍峨，守望黄河穿城而过；万仞山峦，白云托起孤城一片。[①]此地，乃黄河明珠、水车之都——甘肃省会兰州市是也。

　　秦陇锁钥、西域咽喉、避暑胜地、孙文陆都[②]、古丝绸之路重镇、新欧亚大陆桥交通枢纽、中国陆域版图几何中心、瓜果之乡、移民城市，俱其别称也。

　　五千年马家窑彩陶肇始文明之光，九百载夏商周羌戎游牧鹰飞草长。

　　秦始皇设县，汉武帝置郡。蒙恬驱逐匈奴，卫青再展雄风，版扩"河南之地"，开通"河西走廊"。城池筑，固若金汤；天堑守，金汤万里。西汉谓之曰：金城。

　　汉元狩以降，便为西北战略要塞；隋开皇之后，即成陇右政治中心。占"毗邻京畿，拱卫关中"之地利；具"控河为险，隔阂羌戎"之强势。城南高山，名曰"皋兰"，含高峻挺拔之意，隋文帝因之命名为"兰州"。市中大河，名曰"黄河"，显浩浩荡荡之势，母亲河钟情此城得天独厚。古金城，战略地位之重要不言而喻。新兰州，地处内陆同样要扬帆远航。

　　张骞出使西域，揭开华夏外交第一篇；骠骑仗剑挥鞭，将军饮马城南

我爱甘肃

178

五泉山。踏破白马浪，法显、玄奘取经天竺，庄严普照白塔③；坐镇金城关，冯胜、杨廉守望边疆，庄浪西宁西凉④。朱洪武铁锁镇远浮桥，天堑始为通途，将军柱至今矗立巍然；明段续制造巨轮水车，大河灌溉良田，四百载遗迹尚存黄河岸边。龙飞凤舞，草圣张芝开一代风气，笔力影响墨坛两千年；浓墨重彩，名士唐琏绘万卷风情，精品依然珍藏在民间。邹应龙弹劾严嵩，奸相鸣呼哀哉；吴柳堂拼得性命，御史岂惧权奸。林则徐下榻沙井驿，佑康锡福兰州；马福祥剑指廊坊站⑤，甘军肉搏八国。左宗棠手植左公柳，福荫子孙边陲；制造局锻造七响枪⑥，武备万里新疆。马五爷绘制金城揽胜全景图⑦，画匠堪称大师；满保本架起天下黄河第一桥⑧，百年风雨不摇。兰山书院书声朗朗，培育探花之郎；至公堂中人才济济，遴选状元青苗。历史积淀深厚，可谓深不可测；文化传统优秀，已成蔚然大观。

抗战风烟，神州遍燃；兰州空战⑨，倭寇丧胆。"八办"名流凝聚⑩，志士奔赴延安；南关雅士锤炼，文脉香火续延。办事处营救西路军，同志归队；周恩来养伤互助巷，中华幸甚。孝友街转运援华抗战物资⑪，开通国际路线；兴隆山客厝成吉思汗灵柩衣冠⑫，神器得以保全。中美苏三国金城运筹，相互支援结同盟；法西斯日本折戟兰州，铁壁铜墙大后方。

听"八·二六"炮声隆隆，看大将军横刀立马⑬。沈家岭上风卷残云，狗娃山下挥师西进。中山铁桥烈火熊熊，摧枯拉朽铁流滚滚，西北从此风平浪静，兰州一战河山安定。

喜新中国红旗飘飘，夸共和国长子骄傲⑭。八方支援大西北，四面来风汇金城。南腔北调，沟通五湖四海；春风化雨，沐浴当代移民。南北两山，曾为荒山秃岭，六十载背冰上山，成就绿荫盎然；卧龙九州⑮，今已满目苍翠，几代人挥汗如雨，百万户梦境醋甜。大力植树种草，再造秀美山川。品白兰瓜，吃水蜜桃，尝羊羔肉，赴百合宴。抖落一身风尘，城市改地换天。

自古茶马互市，商旅云集西关，沟通贸易达四方；从来兼容并蓄，胸怀博大宽容，融聚中华各民族。休说民风慓悍，对酒当歌醉卧沙场；但知民俗纯朴，热情好客自立自强。气候宜人，空调天地自然；冬暖夏凉，环球鲜有比肩。罕见旱魃作祟，更无洪涝风灾。座中四联，通达八方；海纳百川，九曲安澜。

地灵人杰，酒好不怕巷子深；人才辈出，凤凰当然要涅槃。美丽端庄，"黄河母亲"倾倒游子⑯；劈波斩浪，羊皮筏子亚赛军舰。一清二白三红四绿，兰州拉面五洲飘香；九章八音六弦七彩，《读者》月刊读者佳酿。世纪经典有《丝路花雨》；誉满天下是《大梦敦煌》。火种一悟点燃⑰，小水高端访谈，修萍新闻联播，新华风呼雨唤，朱军艺术人生，张莉红星璀璨。⑱燕云琵琶反弹，陈元明星耀眼。更有那：兰大校园李阳疯狂克立兹；地产大鳄王石芒鞋出乡关。⑲南极冰川秦大河鳌头独占；大漠戈壁"五一零所"放飞航天船。更喜吾子岳翔⑳，居然同声传译好莱坞美利坚。英才杰出，翱之翼展，鹏举扶摇，一飞冲天。

两山夹一河，捧出西部聚宝盆；大河穿城过，奔腾万里赴征程。重粒子，轻水堆，佛慈街，辐照站，近物所，高科园。㉑大漠驼铃搏浪丝绸古道；平沙落雁龙源绿色希望。百里黄河风情，渲染城市崭新画卷；大道滨河绵延，描绘家乡深刻变迁。日观大河两岸，灿烂高楼林立，恰似东方曼哈顿；夜登皋兰山颠，辉煌万家灯火，宛如维多利亚湾。

水车不舍昼夜，治庸运筹帷幄㉒，打造执政理事新模式；人民自强不息，奋力跨越发展，决心提前升位奔小康。

河汇百流，九曲不回，创新创业，和谐共进。五千载祖辈祈愿，三十年盛典礼赞。日新月异，星移斗转。又好又快，辉煌灿烂。

有客来兰州，客来皆赞叹：此乃兰州乎？真是没想到！岂非小香港！何来骆驼牵？

一言既赋，四韵俱成，请洒潘江，各倾陆海云尔：

黄河远上白云间，一片孤城万仞山。昔日羌笛怨杨柳，春风浩荡金城关。

皋兰山巅高千尺，大河滔滔谱新篇。和谐社会千秋颂，唱我兰州一万年。

我爱甘肃

注释：

①雷达先生考证："黄河远上白云间，一片孤城万仞山"这首唐诗为描写兰州景色的佳作。

②孙中山《建国方略》曾考虑将兰州建为"陆都"，与南京"海都"相呼应。

③庄严、普照、白塔：为兰州三座著名寺院，现仅存"白塔"一寺。"普照"可作动词理解。

④庄浪、西宁、西凉：为西北地名。联缀成句，"西宁"可作动词。

⑤马福祥：河州（今甘肃临夏市）人。清末将领，曾率甘肃守军勤王，抵抗八国联军，在北京、天津、廊坊等地阻击侵略者。其所率军队称为"甘军"。

⑥制造局：左宗棠建立的开甘肃近代制造业之先河的工业企业。造装填七发子弹新式步枪，大量装备驻守新疆部队，在抵御和威慑沙俄侵略扩张阴谋中起到重要作用。

⑦马五爷：清代兰州画家，作《金城揽胜图》，现有摹本照片存世。

⑧满保本：美国桥梁工程师，光绪三十四年（1908年）在兰州主持建造黄河上第一座近代铁桥。虽历经百年，并曾遭战火洗礼，该桥依然稳固。近年改作步行观光桥。

⑨兰州空战：抗战初期，日本飞机9次袭击兰州，遭中苏空军重创。仅1939年2月20日和23日，就击落日机18架。此役为抗战中击落日机最多的一次空战，我方飞行员无一伤亡。堪称奇迹。

⑩八办：八路军驻兰州办事处。1939年9月，周恩来经兰州取道新疆前往苏联疗伤，1940年2月回国，均居住兰州"八办"互助巷原址。

⑪孝友街："八办"中后期地址。苏联援华抗战物资在此转运延安、西安等地。

⑫兴隆山：兰州郊外地名。

⑬大将军：彭德怀。时任第一野战军司令员，指挥解放兰州战役。

继往开来的新甘肃

⑭"一·五"期间，国家将一批重点建设项目布设在兰州，例如："兰炼"，"兰化"等大型工业企业，被誉为"共和国长子"。

⑮卧龙，九州：兰州城区南北两侧山名。

⑯"黄河母亲"：兰州著名城市雕塑，坐落黄河岸边。

⑰一悟：即甘肃第一位共产党员张一悟，创建中共甘肃特别支部，点燃西北地区革命火种。

⑱CCTV 主持人水均益、李修萍、裴新华、朱军、张莉等人的童年和青少年时期都在兰州度过，并在兰州学习生活多年，兰州人引以为骄傲。

⑲燕云：贺燕云，舞剧《丝路花雨》主演。被誉为"第一位英娘"。陈元：即陈逸恒，著名影视剧演员，主演电视连续剧《我主沉浮》等。系中国京剧界"四小名旦"之一陈永玲先生之次子，曾在兰州生活工作多年。王石：毕业于兰州铁道学院，深圳"万科"集团董事长。

⑳岳翔：笔者之子。在读英语专业研究生。公派留学美国纽约大学。担任好莱坞著名导演西蒙·韦斯特的英汉双语助理和首席同声传译。2007盛夏，随西蒙在南京拍摄史诗巨片《南京浩劫》。

㉑均为兰州重要科研机构和城雕名称。

㉒"治庸"：即"治庸计划"，中共兰州市委提出的执政理事模式之一，极大地促进了兰州干部队伍的作风改进，在国内反响强烈。

（注：本篇作于 2007 年 8 月，发表于《兰州日报》）